Georg Büchner

Lenz

Von Theodor Pelster

W0236369

Philipp Reclam jun. Stuttgart

Dieser Lektüreschlüssel bezieht sich auf folgende Textausgabe:
Georg Büchner: *Lenz. Der Hessische Landbote*. Nachw. von
Martin Greiner. Stuttgart: Reclam, 2002. (Universal-Bibliothek.
7955.)

RECLAMS UNIVERSAL-BIBLIOTHEK Nr. 15385
Alle Rechte vorbehalten
© 2007 Philipp Reclam jun. GmbH & Co., Stuttgart
Gesamtherstellung: Reclam, Ditzingen
Printed in Germany 2007
RECLAM, UNIVERSAL-BIBLIOTHEK und
RECLAMS UNIVERSAL-BIBLIOTHEK sind eingetragene
Marken der Philipp Reclam jun. GmbH & Co., Stuttgart
ISBN 978-3-15-015385-7
www.reclam.de

Inhalt

1. Erstinformation zum Werk

Für deutschsprachige Gegenwartsautoren ist es eine besondere Auszeichnung, wenn ihnen der Georg-Büchner-Preis zugesprochen wird. Dieser Preis, der 1923 vom Staat Hessen als Kunstpreis gestiftet und 1951 zu einem Literaturpreis umgewandelt wurde, wird an »Dichter und Schriftsteller« vergeben, die »in deutscher Sprache schreiben, durch ihre Arbeiten und Werke in besonderem Maße hervorgetreten sind und an der Gestaltung des gegenwärtigen deutschen Kulturlebens wesentlichen Anteil haben«[1]. Die Preisverleihung erfolgt jährlich Mitte Oktober, um so den Dichter Georg Büchner indirekt zu ehren, der am 17. Oktober 1813 im Großherzogtum Hessen-Darmstadt geboren wurde.

Der Büchner-Preis

Diese nachträgliche Anerkennung und Ehrung ist deshalb bemerkenswert, weil der Student Büchner mit der 1834 verfassten Flugschrift *Der Hessische Landbote* zur Revolution gegen die gegebene Staatsordnung im Großherzogtum aufgerufen hatte, von den staatlichen und polizeilichen Behörden steckbrieflich gesucht worden war und sich 1835 nur durch Flucht ins französische Ausland vor einer Verhaftung retten konnte. In Straßburg setzte er sein 1831 begonnenes Medizinstudium fort. Zugleich sammelte er Materialien, um, wie er seinen Eltern mitteilte, einen »Aufsatz«[2] über jenen Jakob Michael Lenz zu schreiben, der sich in den Jahren zwischen 1772 und 1775 ebenfalls längere Zeit in Straßburg und Umgebung aufgehalten hatte, dort als Genie im Kreis der »Stürmer und

Büchners revolutionäre Flugschrift

Der geplante »Aufsatz« über Lenz

Dränger« anerkannt war, später Deutschland verlassen musste und in Moskau krank, verarmt und verlassen gestorben war.

Büchner war in Straßburg erfolgreich mit seinen naturwissenschaftlichen Arbeiten, wurde dann aber in Zürich promoviert und hatte Aussicht, an der Schweizer Universität eine Stelle als Dozent zu erhalten. Die geplante »Novelle Lenz«[3] blieb dagegen vorläufig als unfertiges Manuskript liegen.

Büchners Studium

Im Oktober 1836 zog Büchner nach Zürich. Als er dann am 19. Februar 1837 nach kurzer Krankheit an Typhus starb, fand man das unvollendete Manuskript im Nachlass. Dieses »Fragment« galt und gilt als »Reliquie«[4], die authentisch die Kunst- und Lebensauffassung Georg Büchners spiegelt. Es wird – gerade als Fragment – gepriesen als Meisterwerk, mit dem »die moderne europäische Prosa beginnt«[5], als einer »der wichtigsten Erzähltexte der Moderne«[6], als das »wunderbarste Stück deutscher Prosa«[7].

Das Fragment

Was als Aufsatz des jungen Autors Georg Büchner über den auf unglückliche Weise in Moskau ums Leben gekommenen Dichter Jakob Michael Reinhold Lenz geplant oder auch nur angekündigt war, wurde auf Grund der Entstehungsgeschichte, mehr aber noch auf Grund der situativen Beziehungen zwischen dem schreibenden Autor und dem beschriebenen Vorläufer zu einem »Stück außergewöhnlicher Literatur«[8]. Lenz wie Büchner hatten die Heimat verlassen (müssen), ertrugen schwere Konflikte mit ihren Vätern, wollten politisch wirken, scheiterten, mussten fliehen, litten daran, dass sie in dem einen Fall auf

Beziehungen zwischen Büchner und Lenz

Zeit, in dem andern endgültig von ihrer Geliebten getrennt waren. Durch diese Konstellation wurde »*Lenz* [...] zur Fallstudie eines künstlerischen, psychischen und damit auch sozialen Grenzgängers«[9]. Büchners Text ist nicht nur da, wo der Autor auf gesicherte Quellen zurückgreift, wirklichkeitsnah, sondern auch da, wo er sein medizinisches Wissen einbringt. Gleichzeitig ist der Text von höchster ästhetischer Wirkung und gilt deshalb als mustergültiges Beispiel realistischer Literatur.

> Lenz – *ein Beispiel realistischer Literatur*

2. Inhalt

Unter den vielen Quellen, die Georg Büchner bei der Abfassung des *Lenz* direkt und indirekt verarbeitet hat, ist der Bericht des Pfarrers Johann Friedrich Oberlin[10] über den Aufenthalt des Dichters Jakob Michael Reinhold Lenz im elsässischen Steintal in der Zeit vom 20. Januar bis zum 8. Februar 1778 mit Abstand die wichtigste. Oberlins Darstellung, die aller Wahrscheinlichkeit nach auf der Grundlage seiner persönlichen Tagebuchaufzeichnungen vom März 1778 abgefasst wurde und der Rechtfertigung seines Verhaltens gegenüber eventuell zu erwartenden Vorwürfen dienen sollte, war in der Art eines Verlaufsprotokolls angelegt, das chronologisch festhielt, was geschehen war. Der Autor Georg Büchner übernimmt diese Strukturierung für seinen literarischen Text.

Quelle und literarischer Text

Lenz als Gast bei der Familie Oberlin in Waldbach (3–17)

Nach einer beschwerlichen Wanderung durch das unwirtliche Gebirge der Vogesen erreicht Lenz »den 20.« [Januar] (3) sein Ziel, wird »in Waldbach im Pfarrhause« (5) von Oberlin, dem Pfarrer der umliegenden Dörfer, aufgenommen und »war gleich zu Haus« (6). Er, von dem der Hausherr »einige Dramen gelesen hat«, schildert in Kürze seine Lebensumstände, wird von plötzlichen Angstzuständen gepackt, als er sich später allein in seinem »Zimmer im Schulhause« (6) zu-

Ankunft im Haus Oberlins

rechtzufinden sucht, und beruhigt sich erst wieder, als Oberlin zu Hilfe kommt.

In den nächsten Tagen begleitet Lenz Oberlin bei Hausbesuchen und bittet, an Stelle Oberlins die Sonntagspredigt halten zu dürfen. Dies wird erlaubt, da Lenz sich als »Theologe« (9) ausweisen kann. Mit seiner Predigt erfüllt er die Erwartungen der Leute; er selbst ist von diesem Gottesdienst erschüttert. Als er allein in seinem Zimmer ist, kann er »kein Ende finden der Wollust«, empfindet »ein leises tiefes Mitleid in sich selbst« (11).

> *Lenz als Prediger im Sonntagsgottesdienst*

»Am folgenden Morgen« erzählt Lenz, dass ihm »seine Mutter erschienen sei« (11); Oberlin berichtet von ähnlichen Erfahrungen; beide stimmen darin überein, dass »die einfachste, reinste Natur […] mit der elementarischen« zusammenhänge, dass »in allem eine unaussprechliche Harmonie« (12) sei.

> *Gespräch über geisterhafte Erscheinungen*

Dieser Erfahrungsaustausch wird unterbrochen, als Kaufmann, ein Dichterkollege und Gefährte von Lenz aus dessen Straßburger Zeit, mit seiner Braut in Waldbach erscheint. Kaufmann erinnerte Lenz »an so vieles« (13), was er glaubt überwunden zu haben, das er auch vor Oberlin geheim halten möchte, von dem er fürchtet, dass Kaufmann es Oberlin mitteilen könnte.

> *Besuch von Kaufmann*

Kaufmann und Lenz diskutieren bei Tisch kontrovers über Literatur und darstellende Kunst. Entgegengesetzte Meinungen prallen aufeinander, Lenz bleibt beherrscht, »bald lächelnd, bald ernst« (16). Als Kaufmann dann nach dem Essen »Briefe von Lenzens Vater« (16) übergibt, in de-

> *Diskurs über die »wahre« Kunst*

nen Lenz aufgefordert wird, nach Hause zurückzukommen, und als Kaufmann die Forderung unterstützt, wird Lenz »heftig«, fragt: »Was will mein Vater?« (17) und lässt erkennen, dass er Distanz zu seinem Vater halten will.

Lenz und sein Vater

Lenz, der mit sich umgeht »wie mit einem kranken Kinde«, setzt, um gesund zu werden, ganz auf Oberlin: »Seine Worte, sein Gesicht taten ihm unendlich wohl« (17). Deshalb erschrickt er, als er hört, dass Oberlin Kaufmann begleiten werde, um den Pfarrer und Schriftsteller Lavater, mit dem Oberlin seit langem in Briefkontakt steht, in Zürich zu besuchen. Lenz begleitet die beiden »ins Gebirg« und geht »allein zurück« (17).

Die Abreise von Kaufmann und Oberlin

Lenz' Aufenthalt während der Abwesenheit Oberlins (17–24)

Lenz streift unstet durchs Gebirge und gelangt zu einer Hütte, die von einer alten Frau und einem kranken Mädchen bewohnt ist. Hier bekommt er etwas zu essen und eine Schlafstelle. Ein Mann, der »im Rufe eines Heiligen« (20) steht, kümmert sich um das Mädchen. Lenz fürchtet sich vor »dem gewaltigen Menschen«, aber auch »vor sich selbst in der Einsamkeit« (20). Holzhauer zeigen ihm, wie er zurück nach Waldbach ins Steintal kommt. Dort verbringt er »halbe Nächte im Gebet und fieberhaften Träumen« (20). Tagsüber »zeichnete, malte, las, griff [er] nach jeder Zerstreuung, alles hastig von einem zum andern« (20). Die Liedzeile »Ich hab mein Schatz und der ist weit« (21), von einer Magd gesun-

Lenz verirrt sich

gen, schreckt ihn auf. Er fühlt sich an ein »Frauenzimmer« erinnert, »dessen Schicksal mir so zentner- schwer auf dem Herzen liegt« (21). Erinne- rungen werden wach. Bleiben sie verschwom- men, so »martert« ihn das; erhellen sie sich, so ist ihm wieder »recht wohl« (22). Von die-

Erinnerungen an das »Frauen- zimmer«

sem »Frauenzimmer«, »ganz Kind« (21), spricht er später »noch oft« (22); dann wird man erfahren, dass es sich um »Friederike« (25) handelt, um jene Friederike Brion aus Se- senheim, die zuerst von Goethe, dann von Lenz geliebt und angedichtet wurde.

»Am dritten Hornung« (22), also am 3. Februar, erfährt Lenz, dass im Nachbarort ein Mädchen ge- storben sei. Er, der gefleht hat, »Gott möge ein Zeichen an ihm tun« (22), glaubt, dass er berufen sei, das Kind zu erwecken. Er tritt zu dem Kind, spricht »laut und fest: Steh auf und

Lenz und das verstorbene Mädchen

wandle«. Aber »die Leiche blieb kalt« (23).

Dadurch fühlt er sich von Gott zurückgestoßen. Er stürzt »halb wahnsinnig« nieder, glaubt, einen »Tri- umphgesang der Hölle« zu hören, und er, der im sonntäglichen Gottesdienst noch von Wollust ergriffen war, wird jetzt von einem

Lenz: »halb wahnsinnig«

»Atheismus« erfasst – »ganz sicher und ruhig und fest« (23). Ihm ist bewusst, »am Abgrund« (24) zu stehen. Er hat »Angst«, verworfen zu sein, da er sich der schlimmstmögli- chen »Sünde« (24) schuldig gemacht hat. Doch er bereut nicht, sondern »eine wahnsinnige Lust« treibt ihn, »sich die- se Qual zu wiederholen« (24).

Lenz' Abschiebung nach Straßburg (24–33)

»Einige Tage darauf« (24) kommt Oberlin zurück. Nun dringt auch er auf Lenz ein, »sich in den Wunsch des Vaters zu fügen« (24). Für Lenz ist das unmöglich, er hält sich für »verdammt in Ewigkeit« (24). Der Hinweis Oberlins auf die Gnade des Gottessohnes kann ihn nicht überzeugen.

> Oberlins Rückkehr

Seine Hoffnung würde Lenz auf das »Frauenzimmer« (24) richten, wenn er nicht befürchten müsste, dass das geliebte Mädchen verstorben sei. Als Oberlin verspricht, Erkundigungen einzuziehen, ist Lenz vorübergehend beruhigt.

> Lenzens Hoffnung

Am »Nachmittag« kommt Lenz mit einem »Bündel Gerten« (25) zu Oberlin und will sich schlagen lassen. Doch Oberlin küsst ihn und versucht, ihn durch Hinweise auf Jesu Erlösertat zu beruhigen.

> Lenzens Wunsch nach Kasteiung

»Um Mitternacht« läuft Lenz, den Namen »Friederike« (25) rufend, zwischen Haus und Brunnentrog hin und her und ist offensichtlich verwirrt.

> Lenzens Verwirrung

»Am folgenden Morgen« bleibt er im Bett liegen und weist Oberlin, der ihm rät, »er möge sich zu Gott wenden« zurück: Er sei nicht so glücklich wie Oberlin, er sei nicht gläubig, er sei »gar nichts, gar nichts, ich mag mich nicht einmal umbringen« (26).

> Lenzens Selbsttötungsversuch

»Den Nachmittag« (26) sucht Lenz Oberlin auf und gesteht ihm, einen Selbsttötungsversuch unternommen zu haben.

Daraufhin bittet Oberlin den Schulmeister des Nachbarorts, zu Hilfe zu kommen. Mit Sebastian, dem Schulmeister, besucht Lenz das Grab des Mädchens, das er hatte auferwecken wollen. Als Lenz sich zunehmend auffällig verhält, bemüht sich Sebastian um Verstärkung. Lenz entzieht sich der Bewachung und wird von Freunden aufgegriffen, denen gegenüber er sich als »Mörder« (28) ausgibt. Er wird nach Waldbach zurückgebracht. Oberlin empfiehlt ihm zu beten, »wenn er nicht schlafen könne« (28). So übersteht Lenz die Nacht.

Lenz und seine Betreuer

»Den folgenden Morgen« wirkt er ausgeglichen, glaubt jedoch, aus Hieroglyphen erschlossen zu haben, dass »das Frauenzimmer gestorben« sei (28).

Zusammenfassend heißt es nun: »Sein Zustand war indessen immer trostloser geworden« (29). Lenz ist durchgehend unausgeglichen, unruhig, hin und her gerissen: »Die Zufälle des Nachts steigerten sich aufs schrecklichste. [...] der Wahnsinn packte ihn [...]. Auch bei Tage bekam er diese Zufälle, sie waren dann noch schrecklicher« (30). Hilfe, vor der »Kluft unrettbaren Wahnsinns« (31) bewahrt zu werden, erhofft er einzig von Oberlin. Dieser empfindet »unendliches Mitleid«; die Familie betet »für den Unglücklichen«; die Mägde halten ihn »für einen Besessenen« (31).

Lenzens »trostloser Zustand«

In Augenblicken höchster »Angst« (31) und größter »Qual« fügt Lenz sich »heftigen physischen Schmerz« zu (32). Zu Unrecht glaubt man, es seien »Versuche zum Entleiben« (31).

Weitere Versuche zur »Entleibung«?

»Den 8. morgens« bleibt Lenz im Bett und erklärt, »er glaube gar nicht, daß er gehen könne« (32). Später verlässt er das Haus, klagt Oberlin gegenüber, dass ihn die »entsetz-

Lenz und die »entsetzliche Stimme«

liche Stimme, die um den ganzen Horizont schreit, und die man gewöhnlich die Stille heißt« (32), am Schlaf hindere. Als am Abend »etwas im Hof mit […] starkem Schall« (32) platzt, muss man annehmen, dass Lenz einen weiteren Selbsttötungsversuch unternommen hat.

Abtransport nach Straßburg

Am nächsten Tag wird er abgeholt, »durchs Gebirge zurück« ins »Rheintal«, am nächsten Morgen nach »Straßburg« (33) gebracht. Es gibt keine Hoffnung für ihn: »es war […] eine entsetzliche Leere in ihm […]; sein Dasein war ihm eine notwendige Last. – – So lebte er hin« (33).

3. Personen

Nicht nur die Hauptpersonen Lenz und Oberlin, sondern auch die meisten Nebenpersonen wie Kaufmann, der Schulmeister Sebastian, Lavater und Pfeffel sind historisch bezeugte Personen aus dem wirklichen Leben. Für den realen Autor Jakob Michael Reinhold

Reale und literarische Personen

Lenz waren der Konflikt mit seinen Eltern, vor allem mit seinem Vater, und die unglückliche Liebesbeziehung zu Friederike Brion von höchster Bedeutung. Büchners Text ist jedoch kein Tatsachenbericht, sondern ein literarisches Werk; deshalb muss das Denken und Handeln der Personen aus dem Werk, nicht aus der historisch ermittelten Wirklichkeit verstanden werden. Da jedoch einzelne Aussagen des Textes in ihrer Bedeutung nur zu erfassen sind, wenn der Kontext der angedeuteten Lebenssituation bekannt ist, werden den literarischen Charakteristiken in den wichtigsten Fällen Kurzbiographien der historisch nachweisbaren Personen vorangestellt.

Lenz

Kurzbiographie

Jakob Michael Reinhold Lenz wurde am 23. Januar 1751 in Livland als Sohn eines eingewanderten deutschen Pastors und einer Mutter geboren, die ihrerseits aus einer Pfarrersfamilie stammte. Er besuchte das Gymnasium in Dorpat und

Kindheit und Jugend

begann auf Veranlassung des Vaters 1768 das Studium der Theologie in Königsberg. Häufiger als die theologischen Vorlesungen besuchte er die Vorlesungen Immanuel Kants, der seit 1755 als Privatdozent an der Königsberger Universität lehrte, 1770 zum Professor ernannt wurde und später mit seinen aufklärerischen kritischen Schriften Weltruhm errang. Seinem verehrten Lehrer schrieb Lenz 1770 ein »Widmungsgedicht«.

Als Lenz sein Hauptstudium vernachlässigte, kam es zum Konflikt mit dem Vater, der auf ein Examen und die Rückkehr nach Livland drängte. Lenz brach 1771 das Studium gegen den Willen des Vaters ab, verdingte sich als Gesellschafter an die Brüder Friedrich Georg und Ernst Nikolaus von Kleist und kam mit ihnen über Berlin und Leipzig nach Straßburg. Aus dem äußersten Osten des deutschsprachigen Gebiets wechselte er damit an den äußersten Westen. Als »Hofmeister« der adeligen Brüder hatte er eine unbezahlte Dienerrolle. Doch konnte er so, wie er glaubte, seinen ureigenen Interessen und Begabungen nachgehen: Schon in Dorpat hatte er Gedichte und Dramen geschrieben; jetzt, in Straßburg, nutzte er jede freie Minute zu literarischer Arbeit.

Abbruch des Studiums

In Straßburg fand Lenz Kontakt zu einem Kreis junger Leute – in der Mehrzahl Studenten –, die kulturell interessiert und belesen und für neue Ideen offen waren. Zu ihnen gehörten Jung-Stilling, dessen Autobiographie *Heinrich Stillings Jugend* 1777 veröffentlicht wurde, Heinrich Leopold Wagner, der später ein Drama *Die Kindsmörderin* verfasste, und vor allem Johann Wolfgang Goethe, der 1770 nach Straßburg gekommen war, um seine Studien abzuschließen. In diesem Kreis, in dem man rückblickend das Zentrum der

Lenz in Straßburg

Jakob Michael Reinhold Lenz
Anonyme Bleistiftzeichnung um 1777

Epoche des »Sturm und Drangs« sieht, wurde Lenz als »Genie« angesehen, das hier seine volle Schaffensfreude entwickelte und in Produktivität, Wirkung und Ansehen Goethe sehr nahe kam.

Lenz suchte und fand die Freundschaft Goethes. Man besuchte sich gegenseitig. Gemeinsam verbrachten sie eine Zeit bei Goethes Schwester Cornelia, die – verheiratet – in Emmendingen lebte. Im Frühjahr 1776 reiste Lenz nach Weimar, wo der junge Herzog Carl August und Goethe durch ihren freundschaftlichen Umgang und ihr jugendliches Treiben für Aufsehen und – in adligen Kreisen – für Ärger sorgten. Lenz hoffte, in Weimar Anklang zu finden, wurde aber unter nie ganz geklärten Umständen zurückgewiesen und aus Weimar verbannt.

Lenz und Goethe

Er fand dann noch einmal Aufnahme in Emmendingen, besuchte Johann Kaspar Lavater, den Geistlichen und Physiognomen, in Zürich und wurde von diesem an den Pfarrer Oberlin in Waldbach im Steintal empfohlen; denn es war klar: Lenz war krank. Hoffnung setzte man auf den weithin bekannten seelenkundigen Pfarrer Oberlin. Lenz hielt sich vom 20. Januar bis zum 8. Februar 1778 bei Pfarrer Oberlin in Waldbach auf. Von diesem Aufenthalt handelt Georg Büchners *Lenz*.

Lenz im Steintal

Jakob Michael Reinhold Lenz fand keine Heilung. Eine weitere Kur war ergebnislos. Er suchte in Riga, dann in Petersburg eine Anstellung. Weder hier noch später in Moskau gelang es ihm, dauerhaft Fuß zu fassen. Er war auf die Unterstützung von Freunden angewiesen. Übersetzungsarbeiten brachten nichts ein. Seine Krankheit verschlimmerte

Der Tod in Moskau

sich. Am 24. Mai 1792 wurde er tot auf einer Moskauer Straße aufgefunden. Wann und wo Lenz beerdigt wurde, ist unbekannt.

Literarische Charakteristik

Als Lenz nach anstrengendem Marsch ins Pfarrhaus von Waldbach tritt, wirkt er abgekämpft und verwirrt: »die blonden Locken hingen ihm um das bleiche Gesicht, es zuckte ihm in den Augen und um den Mund, seine Kleider waren zerrissen« (5). Man hält ihn aufgrund seines Äußeren für einen »Handwerker« (5). Er ist froh, in der Pfarrersfamilie aufgenommen zu werden. Er scheint sein Ziel erreicht zu haben; denn er wird »ruhig«, wie mehrfach gesagt wird (5 f.).

Erstes Auftreten

Oberlin, der Pfarrer, kennt Lenz dem Namen nach, weiß, dass er »gedruckt« ist, und hat »einige Dramen« (5) von ihm gelesen. Später erfährt man genauer, dass Lenz die Dramen *Der Hofmeister* und *Die Soldaten* (14) verfasst hat und die »Literatur« (13) das Gebiet ist, in dem er sich auskennt und auf dem er seine Ansichten zu vertreten weiß. Bei der ersten Begegnung mit Oberlin möchte er aber nicht weiter auf Literatur angesprochen werden.

Lenz als Literat

Er ist froh, »willkommen« (5) zu sein, fällt dann in eine Krise, als er sich allein im »Zimmer im Schulhause« (6) zurechtfinden soll, scheint sich aber in den nächsten Tagen zunehmend zu erholen: »Es wirkte alles wohltätig und beruhigend auf ihn« (7). Heilende Wirkung scheint von Pfarrer Oberlin auszugehen und von der Natur, die sie gemeinsam durchstreifen,

Die Krise

wenn Lenz Oberlin bei dessen Hausbesuchen in den verschiedenen Gemeinden begleitet.

In dieser Phase liest Lenz häufig in der »Bibel« (8), findet neuen Zugang zum Neuen Testament: [...] »jetzt erst ging ihm die Heilige Schrift auf«. Er berichtet Oberlin, »wie Gott so ganz bei ihm eingekehrt« sei, fühlt sich gestärkt durch »dies Sein in Gott« (9). Seinem Wunsch, »wohl einmal predigen« zu dürfen, kommt Oberlin entgegen, nachdem er sich vergewissert hat, dass Lenz »Theologe« ist (9). Der Gottesdienst hat große Wirkung auf Lenz. Zunehmend glaubt er, »in allem eine unaussprechliche Harmonie« (12) zu erkennen. Nicht nur in der Bibel, sondern auch in der Natur scheint sich ihm Gott zu offenbaren.

Versuche der Krisenbewältigung

Einen Rückschlag erfährt er durch das »Zusammentreffen« (13) mit Kaufmann. »Unangenehm« ist Lenz, dass »der seine Verhältnisse kannte« (13). Erst durch Kaufmann erfährt Oberlin nämlich, dass die Auffälligkeiten im Verhalten von Lenz nicht Zeichen einer kurzzeitigen Krise sind, sondern Merkmale einer sich in Schüben entwickelnden Krankheit. Noch während des Aufenthalts bei Pfarrer Oberlin werden sich die »Zufälle« (30) häufen, wird er an der »Kluft unrettbaren Wahnsinns« (31) stehen. Was früh in dem Bild, dass ihm sei, »als jage der Wahnsinn auf Rossen hinter ihm« (5), angedeutet ist, verwirklicht sich, als Lenz vergeblich bittet, »dass Gott ein Zeichen an ihm tue«, und er »halb wahnsinnig« nieder stürzt (23). In diesem Augenblick »griff der Atheismus in ihn« (23). Für ihn, der Ruhe, Harmonie und Geborgenheit suchte, ist nun »alles leer und hohl« (23).

Das Zusammentreffen mit Kaufmann

In Augenblicken der Krise blickt Lenz auf seinen Lebens-

weg zurück. Er erinnert sich, dass er sich als Kind bei seiner
Mutter geborgen gefühlt hat, und ein »heimli-
ches Weihnachtsgefühl« (9) beschleicht ihn, *Erinnerungen*
wenn er an seine Mutter denkt. Dann glaubt er, *an die*
von »Friederike« (25) geliebt worden zu sein, *Vergangenheit*
er »war immer ruhig, wenn [er] sie ansah« (21).
Beide Frauen, so fürchtet er, seien tot; beider Tod glaubt
er verursacht zu haben. Die erste entscheidende Zu-
rückweisung hat er jedoch durch den eigenen Vater erfahren.
Jede Mahnung, er solle zum Vater zurückkehren, bringt ihn
auf: »Ich würde toll! toll! Lasst mich doch in Ruhe!« (16).

Er verkennt, dass er längst »toll« ist, dass er keine Ruhe
mehr finden wird. Er unternimmt mehrere
Selbsttötungsversuche. Am Ende wird er – *Der Ausbruch*
nach einem Aufenthalt von zwanzig Tagen *des Wahnsinns*
im Hause Oberlin – nach »Straßburg« (33)
abgeschoben.

Oberlin

Kurzbiographie

Johann Friedrich Oberlin wurde am 31. August 1740[11] als
Sohn eines Gymnasiallehrers und einer pietistisch beeinflussten Mutter in Straßburg ge- *Studium*
boren. Hier besuchte er das Gymnasium,
wechselte zur Universität, studierte Theologie, vertiefte seine Kenntnisse in den alten Sprachen und eignete sich ein
breites Grundwissen in den philosophischen, aber auch in
naturwissenschaftlichen Disziplinen an.

Im Alter von 23 Jahren nahm er in der Familie des Straß-

burger Wundarztes Ziegenhagen eine Stelle als Hauslehrer
an. In dieser Zeit vertiefte er sich in die päd-

Weitere
Ausbildung

agogischen Lehren der Aufklärung, erwarb
sich medizinische Grundkenntnisse, lebte
nach seiner pietistischen Grundüberzeugung
und strebte dem Ideal praktizierter Humanität nach.

Im Jahr 1767 kam er als Nachfolger des Pfarrers Johann
Georg Stuber in das etwa 50 km von Straß-

Pfarrer im
Steintal

burg entfernte Steintal, einen abgelegenen
und unterentwickelten Landstrich. Oberlin
bezog das Pfarrhaus in Waldersbach, heirate-
te seine Cousine Marie Madeleine Salomé Witter und begann seine segensreiche Tätigkeit: Er förderte den Bau von
Schulen, kümmerte sich um die Ausbildung von Lehrern
und Erzieherinnen, ließ Wege und Bewässerungsanlagen
bauen, förderte die wirtschaftliche Entwicklung durch die
Einrichtung von Webereien und vermittelte neue Erkenntnisse erfolgreicher landwirtschaftlicher Produktion. Im
Pfarrhaus richtete er eine Apotheke ein und unterrichtete
über Unfallhilfe und Wundversorgung.

Neun Kinder wurden der Familie in fünfzehn Ehejahren
geboren. Zwei Kinder verstarben früh. Im

Die Familie
Oberlin

Jahr 1783 starb die Frau und Mutter, »deren
Gesundheit den harten Lebensbedingungen
auf die Dauer nicht gewachsen war«[12].

Aufgrund seiner zahlreichen Aktivitäten war Oberlin nicht
nur im Steintal ein allseits anerkannter Mann.

Oberlins Ruf als
Sozialreformer

Sein Ruf als Sozialreformer und als Menschen-
freund verbreitete sich. In ihm sah man das
Leitbild tätiger Humanität, gegründet auf einer protestantisch-pietistischen Grundüberzeugung.

Die antikirchlichen Tendenzen der Französischen Revo-

lution brachten Oberlin 1794 um sein Amt:
Er wird kurzzeitig verhaftet, dann befreit,
später im Nationalkonvent lobend erwähnt.
Er stirbt am 1. Juni 1826. Der Straßburger

Verhaftung und Rehabilitation

Pfarrer Jaeglé hält die Grabrede. Dessen Tochter wird sich
einige Jahre später mit Georg Büchner verloben.

Für Oberlin war der Aufenthalt des Dichters Johann Michael Reinhold Lenz in Waldbach nur eine – allerdings besonders herausfordernde – Episode seiner langen Tätigkeit.

Literarische Charakteristik

Oberlin ist Pfarrer von Waldbach und den benachbarten
Gemeinden. Er fühlt sich nicht nur für den
Gemeindegottesdienst verantwortlich, sondern für das Wohlergehen der Leute insgesamt. Er ist die anerkannte Autorität im Stein-

Oberlin als Pfarrer

tal. Wenn er die Leute trifft oder besucht, ist ihm Anerkennung sicher: »In den Hütten war es lebendig, man drängte
sich um Oberlin, er wies zurecht, gab Rat, tröstete; überall
zutrauensvolle Blicke, Gebet« (7). Dieses Ansehen verdankt
er weniger seiner Stellung als vielmehr den Aktivitäten, die
er offensichtlich geplant und angeregt hat – »Wege angelegt,
Kanäle gegraben« (7) –, und mehr noch seiner vorbildhaften
Persönlichkeit. Er ist fromm, theologisch gebildet, zugleich
weltoffen und hilfsbereit allen Menschen gegenüber.

Mit seiner Familie wohnt er »in Waldbach im Pfarrhause«
(5). Er ist der Hausvater, der Lenz »willkommen« (5) heißt, ihn nach dem Namen fragt
und ihn zum Erzählen bringt, während seine
Frau – die »Mutter, die hinten im Schatten

Oberlin als Hausvater

engelgleich stille saß« (5) – nicht zu Wort kommt, sich aber auch nicht zu Wort meldet. Zur Rollenverteilung gehört, dass der Mann nach außen herrscht, die Frau und Mutter als »engelgleich« verehrt wird, aber im Hintergrund, »im Schatten« bleibt. Nicht vor seiner Frau rechtfertigt der Hausherr seine Entscheidungen, sondern vor Gott: Als Lenz erschienen war, hatte er das »als eine Schickung Gottes, der den Unglücklichen ihm zugesandt hätte« (13), angesehen.

Oberlin sorgt für Lenz, nimmt ihn mit bei seinen Hausbesuchen, führt lange Gespräche mit ihm,

Oberlin und Lenz

lässt ihn auf seinen Wunsch hin im sonntäglichen Gottesdienst predigen – und, wie es heißt, »er liebte ihn herzlich […], und niemand frug, woher er gekommen und wohin er gehen werde« (13). Oberlin übt seine heilende Wirkung auf Lenz aus, obwohl er oder weil er dessen »Verhältnisse« (13, 30) nicht kennt, ehe er von Kaufmann aufgeklärt wird.

Kaufmann und seine Braut sind im Hause Oberlin ebenfalls willkommen und wohl auch bekannt.

Oberlin als Gastgeber

»Über Tisch« (13) – d. h. während der Mahlzeit – wird über Literatur gesprochen. Dabei hält sich Oberlin, der sich vorher durchaus als Literaturkenner ausgewiesen hat, zurück. Einzig Lenz und Kaufmann diskutieren miteinander. Ob Oberlins Familie bei Tisch zugegen ist, bleibt ungewiss.

Oberlin scheint an Diskussionen und gesellschaftlichen Kontakten durchaus interessiert. So muss

Oberlins Kontaktsuche

Kaufmann ihn nicht lange überreden, mit »in die Schweiz zu gehen«, »um Lavater, den er längst durch Briefe kannte, auch persönlich kennen zu lernen« (17). »Früher als man erwartet hatte« (24), kommt Oberlin dann zurück; vermutlich, weil er durch Kaufmann über den Krankheitszustand von Lenz informiert wurde und weil er sich jetzt nicht mehr nur um Lenz, sondern auch um seine Familie sorgt.

Angesichts der neuen Situation ist Oberlin überfordert. Seine moralischen Appelle sind ebenso sinn- und zwecklos wie die Hinweise auf die Zehn Gebote: »Ehre Vater und Mutter dergleichen mehr« (24). Oberlin kann nur noch verhindern, dass Lenz sich das Leben nimmt. Helfen kann er nicht mehr. Er scheint zu veranlassen, dass man Lenz nach Straßburg bringt.

*Oberlins
Überforderung*

Friederike

Kurzbiographie

Friederike Elisabeth Brion, geboren am 19. April 1752 als Tochter des Geistlichen Johann Jakob Brion und seiner Ehefrau Magdalena Salomea in Niederrödern, spielte im Leben der Dichter Johann Wolfgang Goethe und Jakob Michael Reinhold Lenz eine so bedeutende Rolle, dass sie in literaturgeschichtlichen Abhandlungen über die Epoche des »Sturm und Drang« eine nicht unbedeutende Stelle einnimmt.

*Friederike Brion
in der Literatur-
geschichte*

Johann Jakob Brion war in den siebziger Jahren Pastor in Sesenheim, einem etwa 15 Kilometer von Straßburg entfernten Dorf, und lebte dort mit seiner Familie, seinen Eltern, seiner Frau, seinem Sohn und seinen drei Töchtern. Das Haus galt als gastfreundlich und hatte häufig Besuch von Studenten aus Straßburg und von Offizieren der nahe gelegenen Garnison Fort Louis.

Im Sommer 1770 lernte Goethe, mit einem Freund aus Straßburg kommend, die Familie kennen und war besonders von Friederike, der zweitältesten Tochter, angetan. Im Frühjahr 1771 verbrachte er eine längere Zeit im Haus Brion. In dieser Zeit entstanden die berühmten Sesenheimer Lieder. Am 6. August 1771 verteidigte Goethe dann in einer öffentlichen Disputation eine Reihe rechtswissenschaftlicher Thesen und beendete damit sein Studium in Straßburg. Nach Sesenheim schrieb er einen Abschiedsbrief und gibt später in seiner Autobiographie zu: »ich musste sie in einem Augenblick verlassen, wo es ihr fast das Leben kostete.«[13]

Friederike und Goethe

Lenz kam im Frühjahr 1771 nach Straßburg, lernte dort Goethe kennen und fühlte sich ihm freundschaftlich verbunden. Aufgrund seiner vertraglichen Verpflichtungen mit den Brüdern Kleist wechselte er von Straßburg in das flussabwärts gelegene Fort Louis. Von dort besuchte er am 3. Juni 1772 Sesenheim und »verliebt sich, sofort und heftig, in die ihm gleichaltrige Friederike Brion«[14]. Auch er widmet Friederike Gedichte, die von den Sesenheimer Liedern Goethes kaum zu unterscheiden sind. Ob er bei Friederike auf Gegenliebe stieß, ist nicht gewiss. Ende August 1772 verließ Lenz Fort Louis im Gefolge des Regiments der Brüder Kleist.

Friederike und Lenz

Der weitere Lebensweg der Friederike Brion ist nicht genau bekannt. Seit 1805 lebte sie bei ihrer älteren Schwester Salomea in Meisenheim bei Lahr. Sie starb am 3. April 1813 – in jenem Jahr, in dem der Teil von Goethes Autobiographie erschien, in der die Sesenheimer Zeit als Idylle geschildert wird.

Friederikes weiterer Lebensweg

Literarische Charakteristik

Friederike ist jenes »Frauenzimmer [...], dessen Schicksal« Lenz »so zentnerschwer auf dem Herzen liegt« (21). Er erinnert sich: »es war so eine Glückseligkeit in ihr, und das strömte in mich über« (21). Damals »war [ich] immer ruhig, wenn ich sie ansah, [...] und Gott! Gott – Ich war schon lange nicht mehr ruhig« (21). Mehr als ein dunkles Bild, das sich nur »manchmal« (22) noch erhellt, ist Lenz nicht geblieben.

Friederike in der Erinnerung von Lenz

Die ganze Beziehungsgeschichte fasst Lenz in zwei Kurzsätzen zusammen: »sie liebte mich – ich liebte sie« (24). Dann berichtet er, dass sie »noch einen andern« (25) liebte, dass dies seine, also Lenzens, »Eifersucht« (24) auslöste, was er nachträglich verflucht. Bei diesen Andeutungen einer in mehrfacher Hinsicht tragischen Ereigniskette bleibt es.

Lenzens Ungewissheit

Lenz ist überzeugt, dass Friederike tot ist und er ihr »Mörder« (25) ist. Auf das Angebot Oberlins, genauere Erkundungen einzuziehen, geht Lenz nicht ein.

Lenzens Schuldgefühle

Christoph Kaufmann

Kurzbiographie

Christoph Kaufmann wurde 1753 in Winterthur geboren. Er wird nicht nur zum Kreis der »Stürmer und Dränger« gezählt, sondern er wird letztlich als Namengeber der Litera-

Kaufmann in der Literaturgeschichte

turepoche angesehen. Auf seinen Vorschlag gab der Autor
Friedrich Maximilian Klinger seinem 1776 entstandenen
Drama den Titel *Sturm und Drang* statt des ursprünglich
vorgesehenen Titels *Der Wirrwarr.*

Kaufmann als
»Genie«

Kaufmann galt als der Prototyp eines Univer-
salgenies, war Aufmerksamkeit heischender
Verfechter des Geniekults und führte als
Wunderdoktor und Erziehungsapostel ein
abenteuerliches Leben.

Kaufmann als
Pietist

Er starb 1795 in Herrnhut, im Stammort der
von Graf von Zinzendorf gegründeten pietistisch ausgerichteten Brüdergemeinde.

Literarische Charakteristik

Kaufmann erscheint plötzlich und unangekündigt »mit
seiner Braut« (13) bei Pfarrer Oberlin im
Steintal. Es wird vorausgesetzt, dass sich
Kaufmann und Oberlin kennen; ausdrück-
lich erwähnt wird, dass Kaufmann Lenzens
»Verhältnisse kannte« (13). Vielleicht hat Kaufmann sogar
Lenz an Oberlin vermittelt, wenn denn, wie von einigen
Herausgebern vermutet wird, der von Lenz ins Spiel ge-
brachte »Freund« (5) Kaufmann war. Kaufmann bleibt zwei
Tage im Hause Oberlin und reist mit diesem dann in die
Schweiz. Kein Wort des Abschieds zwischen Lenz und
Kaufmann.

Kaufmann als
Gast

Der Diskurs
zwischen Lenz
und Kaufmann

Breiten Raum nimmt der literaturtheoreti-
sche Diskurs zwischen Lenz und Kaufmann
ein. In Kaufmann wird die »idealistische Periode« (13) repräsentiert und von Lenz atta-

ckiert. Als Vertreter der idealistischen Periode werden Dichter angesehen, »welche die Wirklichkeit verklären wollten« (13), und Künstler, die etwa in der antiken Statue des »Apoll von Belvedere« (15) einen Höhepunkt künstlerischen Schaffens sehen. Lenz ist vom Gegenteil überzeugt. Der Gegensatz wird – »bald lächelnd, bald ernst« (16) – ausgetragen.

Eine Differenz zwischen Kaufmann und Lenz entsteht dadurch, dass Kaufmann Briefe von Lenzens Vater überbringt und er die Position des Vaters unterstützt. Da wird Lenz »heftig« und bleibt »verstimmt« (17).

Die Differenz zwischen Lenz und Kaufmann

4. Die Struktur des Werks

Der erste kurze Satz der Erzählung – »Den 20. ging Lenz durchs Gebirg« – ist eine erhebliche Herausforderung für den Leser des 21. Jahrhunderts. Selbst wenn er »den 20.« als Datumsangabe erkennt, ist er über den Zeitpunkt des Geschehens so lange nicht informiert, wie er nicht den Monat und das Jahr erschlossen hat. Mit dem Namen Lenz dürfte nur der etwas anfangen können, der sich intensiv mit der Epoche des »Sturm und Drang« oder der Gattung des bürgerlichen Trauerspiels beschäftigt hat. Dass es sich bei dem »Gebirg«, das mit der Kurzform des bestimmten Artikels eingeführt wird, um die Vogesen handelt, muss nicht einmal dem geläufig sein, der sich in der Literaturgeschichte des 18. Jahrhunderts auskennt und weiß, dass das später erwähnte Straßburg in der Zeit zwischen 1770 und 1775 ein Zentrum der deutschen Literatur war.

Der Auftakt

Gleichgültig, ob der Erzähler voraussetzt, der Leser verfüge über so viel Vorkenntnisse, dass er sich anhand der knappen Angaben informiert weiß, oder ob er das Interesse des neugierigen Lesers wecken will, fest steht, dass dieser erste Satz eine Eröffnung von besonderer Prägnanz ist. Erst aus dem Rückblick – nach abgeschlossener Lektüre – wird man erkennen, dass dieser Satz im Kern alles das enthält, was die Erzählung ausmacht: Der Leser wird erfahren, wie es diesem Jakob Michael Reinhold Lenz in den etwa 20 Tagen nach diesem 20. Januar in einem abgelegenen Gebirgstal erging. Nach diesen drei Wochen, über die erzählt

Die inhaltliche Ergänzung zum ersten Satz

wird, trifft er »in Straßburg ein« – und dann »lebte er hin« (33).

Lenz, dessen Vornamen der Leser der Erzählung an keiner Stelle erfährt, ist Titel- und Hauptfigur der Geschichte. Ein Erzähler, der sich völlig zurückhält, fügt eine Kette von Ereignissen und Begebenheiten zu einer Handlungsfolge, die weitgehend chronologisch geordnet ist.

Lenz als Hauptfigur

Der Anfangspunkt wird, wie bereits gesagt, mit dem »20.« gesetzt. Am Abend dieses Tages wird Lenz ins Pfarrhaus von Waldbach aufgenommen. »Den andern Tag« (7) begleitet er Pfarrer Oberlin bei dessen Hausbesuchen; am »Sonntagmorgen« (10) predigt er an Stelle des Pfarrers. Es folgt eine Reihe relativer Zeitangaben wie »am folgenden Morgen« (11), »ein andermal« (12), »um diese Zeit« (13), »am folgenden Tag« (17) usw., ehe dann ein Ereignis auf den »dritten Hornung« (22) datiert wird. Durch diese Angabe, die auf den Monat Februar verweist, kann rückgeschlossen werden, dass es Januar war, als Lenz nach Waldbach kam. Mit dem »dritten Hornung« beginnt dann eine Ereigniskette, die »am vierten« (22) ihren Höhepunkt hat und die »am folgenden Tag« (24) schließt. Wieder folgen relative Zeitangaben wie »einige Tage darauf« (24), »den Nachmittag«, »um Mitternacht« (25), »am folgenden Morgen« (26) usw., ehe mit der genannten Datumsangabe »den 8. morgens« (32) der genaue Zeitpunkt angegeben wird, der eine weitere Phase in der Lebensgeschichte von Lenz und die Schlussphase der Erzählung einleitet. An diesem Tag entscheidet sich Oberlin, Lenz abzuschieben. Wohl am Tag darauf wird Lenz abgeholt und nach Straßburg gebracht. Zwei Gedankenstriche stehen für

Die Chronologie der Ereignisse

eine quantitativ und qualitativ unbestimmte oder unbestimmbare Zeitfolge. Die gesamte weitere Lebensgeschichte des kranken und abgeschobenen Lenz wird in dem Satz zusammengefasst: »So lebte er hin« (33).

In diesem Zeitrahmen vom 20. Januar bis zum 8. Februar wird eine Phase aus der Lebensgeschichte des Dichters Jakob Michael Reinhold Lenz vermittelt, die historisch belegt und quellenmäßig gesichert ist. Doch der Autor Georg Büchner verfasst keine historische, auch keine literaturgeschichtliche Darstellung, sondern einen literarischen Text. Das ist zunächst daran zu erkennen, dass er aus Lenz' gesamtem Lebensweg, der sich von 1752 bis 1792 erstreckte, lediglich einige Tage aus dem Jahr 1778 zum Gegenstand seiner Erzählung macht, dass er auch diese kurze Zeitspanne in Phasen unterteilt und aus diesen Phasen ausgewählte Ereignisse erzählt.

Die erzählte Phase aus Lenzens Lebensweg

Dass Lenz, nachdem er in Oberlins Familie gut aufgenommen wurde und das Vertrauen des Pfarrers erworben hatte, am »Sonntagmorgen« (10) den Gottesdienst abhalten kann, wird vom Erzähler als ein erstes wichtiges Ereignis herausgehoben. Die dann mit dem »dritten Hornung« beginnende Ereignisfolge, in der Lenz mit dem Versuch scheitert, »das Kind in Fouday« von den Toten zu erwecken (22), korrespondiert mit dem Gottesdienstsonntag und darf als zweites wichtiges Ereignis angesehen werden. Vorbereitet ist diese Episode durch den Aufenthalt in jener »Hütte« (18), in der ein geheimnisvoller Mann, der »im Rufe eines Heiligen« (20) steht, ein krankes Mädchen zu beruhigen sucht.

Die herausgehobenen Ereignisse

Wenn Oberlin und Lenz in den ersten Tagen gemeinsam ausreiten, sind sie »bald in Gespräch, bald tätig am Geschäft, bald in die Natur versunken« (7). Natur ist sowohl für Oberlin

Naturbilder

wie für Lenz mehr als Wohnort und Existenzgrundlage. Lenz wünscht sich, »für Gesteine, Metalle, Wasser und Pflanzen eine Seele zu haben« (12). Wenn der Erzähler mitteilt, wie Lenz die Natur wahrnimmt, so schildert er weniger die Natur und mehr den Seelenzustand des Wahrnehmenden. Die breit angelegten Naturbilder sind nicht Füllmaterial des Erzählers, sondern Spiegelungen innerer Erlebnisse und Erfahrungen.

Dass jener Lenz, der am 20. Januar durch die unwirtliche Gebirgslandschaft geht und bedauert, »nicht auf dem Kopf gehn« (3) zu können, in einer schweren Krise steckt, merkt der

Rückwendungen

Leser auf der ersten Seite des Textes. Die Gründe bleiben lange verborgen. Was er der Familie Oberlin »von seiner Heimat« (5) erzählt, erfährt der Leser nicht. Aus dem Vorstellungsgespräch wird einzig der Name und die Tatsache, dass er »gedruckt« ist und »einige Dramen« (5) verfasst habe, vermittelt. Durch knappe Rückwendungen wird dann nachgeholt, was der Leser von dem in die Krise geratenen jungen Mann wissen soll.

Die Struktur

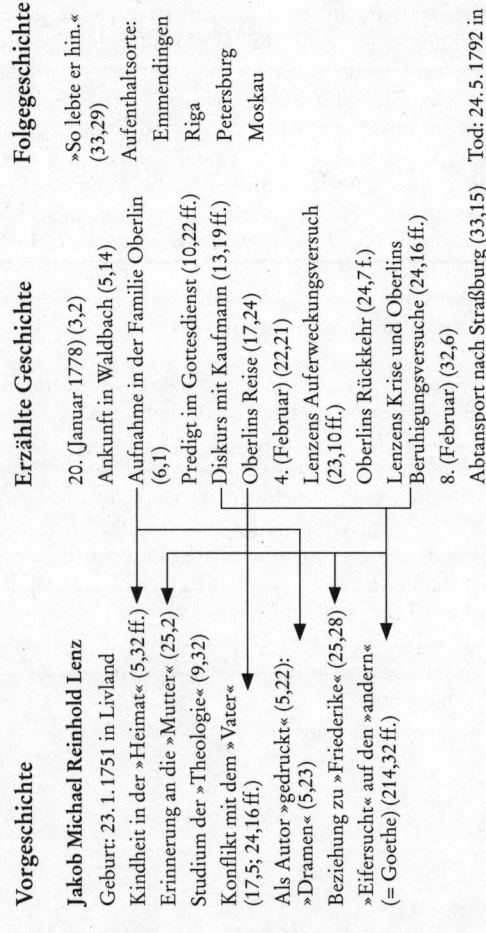

Vorgeschichte	Erzählte Geschichte	Folgegeschichte
Jakob Michael Reinhold Lenz	20. (Januar 1778) (3,2)	»So lebte er hin.« (33,29)
Geburt: 23.1.1751 in Livland	Ankunft in Waldbach (5,14)	Aufenthaltsorte:
Kindheit in der »Heimat« (5,32 ff.)	Aufnahme in der Familie Oberlin (6,1)	Emmendingen
Erinnerung an die »Mutter« (25,2)	Predigt im Gottesdienst (10,22 ff.)	Riga
Studium der »Theologie« (9,32)	Diskurs mit Kaufmann (13,19 ff.)	Petersburg
Konflikt mit dem »Vater« (17,5; 24,16 ff.)	Oberlins Reise (17,24)	Moskau
Als Autor »gedruckt« (5,22): »Dramen« (5,23)	4. (Februar) (22,21)	
	Lenzens Auferweckungsversuch (23,10 ff.)	
Beziehung zu »Friederike« (25,28)	Oberlins Rückkehr (24,7 f.)	
»Eifersucht« auf den »andern« (= Goethe) (214,32 ff.)	Lenzens Krise und Oberlins Beruhigungsversuche (24,16 ff.)	
	8. (Februar) (32,6)	
	Abtransport nach Straßburg (33,15)	Tod: 24.5.1792 in Moskau

Personenkonstellation

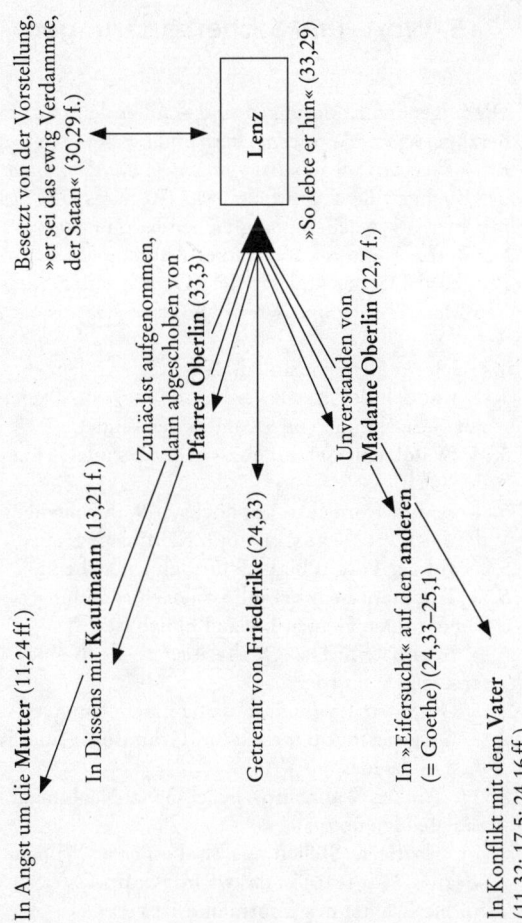

Besetzt von der Vorstellung, »er sei das ewig Verdammte, der Satan« (30,29 f.)

Lenz

»So lebte er hin« (33,29)

In Angst um die Mutter (11,24 ff.)

In Dissens mit Kaufmann (13,21 f.)

Zunächst aufgenommen, dann abgeschoben von Pfarrer Oberlin (33,3)

Getrennt von Friederike (24,33)

Unverstanden von Madame Oberlin (22,7 f.)

In »Eifersucht« auf den anderen (= Goethe) (24,33–25,1)

In Konflikt mit dem Vater (11,32; 17,5; 24,16 ff.)

5. Wort- und Sacherläuterungen

Die folgenden Erklärungen sind – außer den immer wieder herangezogenen Wörterbüchern und Lexika – vor allem dem Band: Gerhard Schaub, *Erläuterungen und Dokumente*, Georg Büchner, *Lenz*, Stuttgart 1987 (Reclams UB, 8180) verpflichtet sowie dem umfangreichen Kommentarteil zu: *Georg Büchner »Lenz«*. Marburger Ausgabe, Bd. 5., hrsg. von Burghard Dedner und Herbert Gersch unter Mitarb. von Eva-Maria Vering und Werner Weiland, Darmstadt 2001.

3,2 **Gebirg:** Gemeint sind die Vogesen mit dem »Steintal«.

4,18 **wandelnder Stern:** Verdeutschung von »Planet«, auch zur Bezeichnung von »Komet« verwendet.

5,9 f. **Waldbach:** Ort im elsässischen Steintal. Heute: Waldersbach.

5,20 **…:** Lücke im Text. Mit höchster Wahrscheinlichkeit ist der Dichterkollege Christoph Kaufmann gemeint.

5,27 **auf der Folter:** bildlich für: schnell, gehetzt.

5,33 **Trachten:** Lenz erzählt von der Bekleidung, wie sie in seiner fernen Heimat Livland üblich ist.

6,25 **Brunnstein:** Das Quellwasser fließt in einen langgestreckten Steintrog.

7,15 **Gespinst:** Trugbild, seltsame Erscheinung.

7,18 **Gerippe:** metaphorisch für: Grundform eines Körpers oder Gebäudes.

8,11 f. **Alp des Wahnsinns:** böser Geist; Nachtmahr, der die Schlafenden überfällt.

8,17 f. **rezitierte Stellen aus Shakespeare:** William Shakespeare (1564–1616) ist das wichtigste dramatische Vorbild für die Dichter des »Sturm und Drangs«.

8,28 f. Bibel … das Neue Testament: Die Bibel, das Buch der Bücher, besteht aus dem Alten und dem Neuen Testament.

9,7 Mysterien: geheimnisvolle Vorgänge und Riten.

9,32 Theologe: Religionswissenschaftler.

10,5 Kirchhof: Friedhof.

10,24 Starrkrampf: Verkrampfung des Körpers, die diesen steif und unbeweglich werden lässt.

11,2 Bronnen: auch: Brunnen.

11,14 Wollust: Zusammensetzung aus »wohl« und »Lust«: Wohlgefallen, Freude, Genuss.

12,8 Somnambulismus: Hypnosezustand, in dem der Mensch wie im Traum handelt, sich später aber an nichts mehr erinnern kann.

12,9 Geist des Wassers: Dem Wasser als elementarischem Grundelement wurde besondere Wirkkraft zugeschrieben.

12,13 mit der elementarischen [Natur]: Als einfachste Elemente der Natur galten Feuer, Wasser, Luft und Erde.

12,27 affiziert: von einer Krankheit befallen.

13,1 zwölf Apostel: die von Jesus Christus ausgesandten Sendboten seiner Botschaft.

13,2 repräsentiert würde: dargestellt vertreten würde.

13,4 Stilling: Johann Heinrich Jung (1740–1817), genannt Jung-Stilling, war pietistisch orientierter Arzt und Schriftsteller.

Apokalypse: Offenbarung. Schrift, die den Weltablauf und das (schreckliche) Weltende enthüllen will.

13,20 idealistische Periode: Zeitspanne, in der von Künstlern und Literaten und von ihrem Publikum erhebende, verschönernde, enthusiastische Werke bevorzugt werden.

13,33 **Kriterium:** Prüfstein, unterscheidendes Merkmal.

14,3 **die prosaischsten Menschen:** Menschen von einfacher, nüchterner »nach vorn gerichteter« Art.

14,22 f. **Bilder der altdeutschen Schule:** Gemeint ist entweder die im mittelalterlichen Köln ansässige älteste deutsche Malerschule oder die deutsche Schule des 16. Jahrhunderts mit Malern wie Albrecht Dürer, Lukas Cranach und Hans Holbein.

14,24 **Medusenhaupt:** Medusa ist eine sagenhafte antike Gestalt, oft mit Schlangenhaupt dargestellt, bei deren Anblick die Menschen erstarren und zu Stein werden.

15,2 **radotieren:** veraltet für: schwätzen, faseln.

15,12 **Apoll von Belvedere:** Berühmte Götterdarstellung, von der eine Kopie in den Vatikanischen Museen zu besichtigen ist und die als Inbegriff der griechischen antiken Kunst gilt.

15,13 **Raffaelische Madonna:** Der italienische Renaissance-Maler Raffaelo Santi (1483–1520) schuf etwa 30 Madonnenbilder, von denen die Sixtinische Madonna das bekannteste ist.

15,24 f. **Christus und die Jünger von Emmaus:** Ölgemälde des niederländischen Malers Carel von Savoy (um 1621–65).

16,31 **verhunzt:** »auf den Hund bringen«, niedermachen.

17,10 **Lavater:** Johann Kaspar Lavater (1741–1801), philosophisch-religiöser Schriftsteller, Pfarrer in Zürich.

18,30 **Jakob:** Gemeint ist Jakob, der Sohn des alttestamentlichen Isaak. Jakob ist Auserwählter Gottes und gilt als Stammvater Israels.

23,10 **»Stehe auf und wandle«:** Diese Worte spricht Jesus Christus bei der Heilung des Gichtbrüchigen, s. Mt 9,5; Mk 2,9; Lk 5,23.

23,18 Titanenlied: Urbild der Titanen ist Prometheus, der Sohn des Titanen Iapetos. Prometheus ist die Symbolfigur für das Aufbegehren gegen Zeus und die Götter.

23,28 Atheismus: Gottesleugnung. Verneinung der Existenz oder der Erkennbarkeit Gottes.

24,12 Pfeffel: Gottlieb Konrad Pfeffel (1736–1809), elsässischer Lyriker und Erzähler.

24,15 f. »Ehre Vater und Mutter«: Bezug auf das im Alten Testament im Buch Moses überlieferte Gebot: »Du sollst deinen Vater und deine Mutter ehren …« (2. Mose 20,12).

24,22 der Ewige Jude: Ahasver oder der Ewige Jude ist eine Figur aus einer alten Volkssage. Danach hatte Ahasver dem zum Richtplatz abgeführten Jesus verweigert, auf einem Stein vor seinem Haus auszuruhen. Jesus soll bedeutet haben: »Du sollst umwandern auf Erden, bis ich wiederkomme.«

25,14 Gerten: Ruten, Zweige, Stäbe.

25,18 Streiche: Schläge, Hiebe.

26,3 Haberpfeife: Eine wahrscheinlich von Büchner erfundene nähere Bezeichnung für ein Blasinstrument.

27,14 f. attackiert: angeschlossen.

28,28 Hieroglyphen: Zeichen der altägyptischen, altkretischen und hethitischen Bilderschrift; übertragen für: rätselhafte, schwer deutbare Schriftzeichen.

30,11 Zufälle: Krankheitsanfälle.

30,30 Satan: Teufel, Widersacher; teuflischer Mensch.

31,24 Profanation: Entweihung, Entwürdigung.

6. Interpretation

Lenz – ein Fragment

In einem Brief vom Oktober 1835 schreibt Büchner aus Straßburg seinen Eltern »Ich habe mir hier allerhand interessante Notizen über einen Freund Goethes, einen unglücklichen Poeten namens *Lenz* verschafft, der sich gleichzeitig mit Goethe hier aufhielt und halb verrückt wurde. Ich denke darüber einen Aufsatz in der Deutschen Revue erscheinen zu lassen«[15]. Zu diesem Zeitpunkt hat Büchner offensichtlich die Absicht, Lenz als »unglücklichen Poeten« und »Freund Goethes«, also die dem Lebenslauf des Dichterfürsten entgegengesetzte Misserfolgsgeschichte des Dichters Lenz darzustellen. Für sein Projekt hat er »Notizen« zusammengetragen, genauer Materialien, also Briefe und literarische Texte von Lenz, Berichte über Goethes und Lenzens Aufenthalt in Straßburg, biographische Mitteilungen über Oberlin, vor allem aber Johann Friedrich Oberlins Bericht *Herr L...*[16]. Unklar ist zu diesem Zeitpunkt, in welche Form Büchner seine Ansichten und Erkenntnisse bringen will.

Mit »Aufsatz« kann ein wissenschaftlicher oder journalistischer Text gemeint sein, dessen Hauptziel wäre, Informationen über einen in der öffentlichen Diskussion als »halbverrückt« geltenden Autor zu geben und damit einen literaturgeschichtlichen oder auch medizinischen Beitrag zum besseren Verständnis der Lebens- und Leidensgeschichte zu leisten. Mit dem Stichwort Aufsatz könnte jedoch auch ein

Der Ausgangspunkt

Materialien

Der geplante Aufsatz

nicht allzu umfangreicher literarischer Text in erzählter Prosa angekündigt sein.

Im Bemühen um eine Veröffentlichung seiner Arbeit setzte Büchner sehr früh auf den Schriftsteller, Journalisten und Kritiker Karl Gutzkow (1811–78), der für die noch zu gründende Zeitschrift *Deutsche Revue* dringend Beiträge suchte und als kleineres Projekt von Büchner im Frühjahr 1835 einen Zeitschriftenbeitrag *Erinnerungen an Lenz*[17] erbeten hatte. Im September 1835 mahnt Gutzkow und stellt das Projekt Büchner, der zu diesem Zeitpunkt hauptsächlich mit naturwissenschaftlichen Studien beschäftigt ist, als wenig zeitraubend hin: »… da scheinen Sie Thatsachen zu haben, die leicht aufgezeichnet sind«[18].

Gutzkow als Vermittler

Ab September 1835 hat dann Büchner »an *Lenz* gearbeitet und von da an vermutlich bis um Ende November, als er von den ersten Maßnahmen gegen die Jungdeutschen erfahren haben muß«[19]. In diesem Zeitraum sind, wie die Forschung ermittelt hat, mehrere Entwürfe entstanden, die Büchner nicht weiterverfolgte, als sich die »gegen Gutzkow seit September […] breit angelegte Presse- und Justizkampagne« steigerte und »ein Verbot der Publikation und Verbreitung seiner und der übrigen Schriften oppositioneller Literatur«[20] bevorstand. Dieses Verbot wurde in der Tat am 10. Dezember 1835 durch die Versammlung des Deutschen Bundes ausgesprochen.

Die Produktionsphase

Dass Büchner sein Lenz-Projekt trotzdem weiterverfolgen wollte, ist daran zu erkennen, dass er seine Lenz-Manuskripte mit sich nach Zürich nahm, wo sie nach dem plötzlichen Tod des Autors aufgefunden wurden. Büchners Braut Wilhelmine Jaeglé nahm dann den Nachlass an sich. In ei-

*Manuskripte aus
dem Nachlass*

nem Bericht heißt es: »Unter seinen hinter-
lassenen Schriften [...] findet sich [...] ein
beinahe vollendetes Drama, sowie das Fragment einer Novelle, welches die letzten Lebenstage des so bedeutenden als unglücklichen Dichters
Lenz zum Gegenstande hat.«[21]

Abgesehen von der Tatsache, dass Büchners Text nichts
»über die letzten Lebenstage« von Lenz enthält, ist die Charakterisierung als »Fragment
einer Novelle« bedenkenswert. Das Wort
»Fragment« ist aus dem Lateinischen über-
nommen, leitet sich von dem Verb *frangere,* ›brechen, ver-
letzen, schwächen‹, ab und wird als *fragmen* oder *frag-
mentum* mit ›Bruchstück, Splitter‹, Pl. ›Trümmer‹ über-
setzt.[22] Im Deutschen bezeichnet man jedes »unvollendet
überlieferte oder gebliebene Werk«[23] als Fragment. In der
Literaturwissenschaft unterscheidet man: »1. unvollständig
überlieferte Werke, besonders aus Antike und Mittelalter
[...]; 2. unvollendet gebliebene oder aufgegebene Werke,
z.B. [...] F. Kafkas sämtliche Romane; 3. die bewusst ge-
wählte literarische Form mit der Bezeichnung Fragment,
die ihre Wirkung aus der vorgeblichen Unfertigkeit gewinnt.«[24] Zweifellos ist Büchners Text als »unvollendet geblieben« anzusehen, da es nachweislich keine vollständige
Fassung, die nur zum Teil überliefert wäre, gegeben hat
und da es nicht in der Absicht des Autors lag, den Text
mit der Bezeichnung »Fragment« herauszugeben. Außer-
dem fehlt jeder Hinweis, dass Büchner das Projekt unvollendet aufgeben wollte. Eine Weiterarbeit scheint durchaus
geplant gewesen zu sein.

Zu diskutieren ist, ob die Tatsache, dass das Werk als
Fragment überliefert ist, als Makel anzusehen ist. Dafür

*»Fragment einer
Novelle«*

könnte der Zustand sprechen, in dem das Fragment aufgefunden wurde. Wilhelmine Jaeglé fand nämlich keines-
wegs ein durchgehendes Manuskript vor, sondern »Bruchstücke«[25], die aus unterschiedlichen Arbeitsphasen stamm-
ten. Als Gutzkow dann im Jahr 1838 daran denken konnte,
Werke aus Büchners Nachlass zu veröffentlichen, über-
sandte Wilhelmine Jaeglé an Gutzkow diese Bruchstücke,
die dieser dann zu einem Fragment vereinigte. Im Januar
1839 wurde das zusammengesetzte Frag-
ment unter dem von Gutzkow vorgeschlage-
nen Titel *Lenz* mit dem Untertitel »Eine Reliquie von Georg Büchner«[26] in Hamburg in

> »Eine Reliquie von Georg Büchner«

der bei Hoffmann und Campe erscheinenden Zeitschrift *Telegraph für Deutschland* veröffentlicht. Diese gedruckte
Ausgabe wird inzwischen als der authentische Text Büchners angesehen.

Mit dem Untertitel »Reliquie« drückt der Herausgeber
Gutzkow nicht nur seine Verehrung gegenüber Text und
Autor aus, sondern er gibt auch zu verstehen, dass er an den
ihm übergebenen Bruchstücken nichts verändert hat, dass
der gedruckte Text als unmittelbarer Ausdruck der Lebens-
lage des Autors und der Weltlage, die ihm zu schaffen mach-
te, gelten soll, das Fragment in diesem Falle also die einzig
angemessene Kunstform ist. Das *Lenz*-Fragment gewinnt
seine Wirkung also nicht aus der vorgeblichen, sondern
aus der durch die politischen Gegebenheiten und das
persönliche Schicksal erzwungenen Unfertigkeit. Fragment ist in diesem Falle nicht
kalkulierte, sondern natürliche Kunstform,
Spiegelung eines Prozesses, in dem ein be-

> Das Fragment als Kunstform

drängter Autor unter ungünstigen Umständen versucht,
sich in die Situation eines unglücklichen Autors zu verset-

zen, über ihn zu schreiben und in diesem Prozess abrupt unterbrochen wird.

Ob das Werk als »Novelle« angelegt war und zur Novelle entwickelt worden wäre, wenn dem Autor die Möglichkeit zur Vollendung gegeben gewesen wäre, ist müßig zu fragen. Wenn im Briefwechsel zwischen Büchner und Gutzkow das Wort Novelle für einen Text gebraucht wird, der erst geplant ist und von dem noch keine Zeile feststeht, so ist damit nicht an eine klar abgrenzbare Textsorte gedacht, sondern bestenfalls an die Vorstellung von einem Prosatext, der ebenso gut als Erzählung oder Geschichte klassifiziert werden könnte. Von Anfang an war für Gutzkow das Projekt *Lenz* wegen »der darin dargestellten Beziehungen zwischen dem »Sturm-und-Drang«-Autor und Oberlin ein außerordentlich wichtiger Beitrag zur Literaturgeschichte«[27]. Er setzte den Informationswert höher als den ästhetischen. Nicht nur bei ihm war das stoffliche Interesse an der Person des »unglücklichen Poeten«, also an seinen Beziehungen zu Goethe, zu Friederike Brion, zu Oberlin, zu Kaufmann und an seiner Krankheit größer als an einer wie auch immer angelegten literarischen Gestaltung. In welcher Form die »Thatsachen«, die in Büchners Materialien dokumentiert sind, »aufgezeichnet« werden sollten, ist für Gutzkow zunächst zweitrangig. Im Nachwort zur ersten Veröffentlichung heißt es dann jedoch:

»In Betreff Georg Büchners aber wird man einräumen, daß diese Probe seines Genies aufs Neue bestätigt, was wir mit seinem Tod an ihm verloren haben. Welche Naturschilderungen, welche Seelenmalerei! Wie weiß der Dichter die feinsten Nervenzustände eines, im Poetischen wenigstens,

»Novelle«?

Beitrag zur Literaturgeschichte

ihm verwandten Gemüths zu belauschen! Da ist Alles mitempfunden, aller Seelenschmerz mitdurchrungen; wir müssen erstaunen über eine solche Anatomie der Lebens- und Gemüthsstörung. G. Büchner offenbart in dieser Reliquie eine reproduktive Phantasie, wie uns eine solche selbst bei Jean Paul nicht so rein, durchsichtig und wahr entgegentritt.«[28]

Büchners *Lenz* als »Fragment« im Rang einer »Reliquie« aufzunehmen und als »Probe seines Genies« zu verstehen, scheint der angemessene Weg, um dem Autor gerecht zu werden.

Kaufmann und Lenz – ein Diskurs über Kunst und Literatur

Kaufmann, eine zentrale Dichterpersönlichkeit der »Sturm-und-Drang«-Periode, steht mit geistigen Größen der Zeit – so Lavater (17) und Pfeffel (24) – in Kontakt. Kaufmann dürfte es gewesen sein, der durch Lenz »Grüße« an Oberlin übermitteln lässt und als dessen »Freund« (5) sich Lenz bei Oberlin vorstellt. Ganz selbstverständlich werden Lenz wie auch Kaufmann im Pfarrhaus in Waldbach aufgenommen. Lenz ist »anfangs das Zusammentreffen unangenehm« (13), weil er befürchtet, dass Kaufmann Oberlin über Gegebenheiten seiner Vergangenheit informieren wird, die Lenz als belastend empfindet, die Lenz verbergen möchte, deren Ursachen er erkannt zu haben glaubt und deren erneutes Aufbrechen er vermeiden möchte. Dagegen ist er durchaus bereit, bei Tisch über »Literatur« zu sprechen; denn da ist er »auf seinem Gebiet« (13).

Das Zusammen-treffen von Lenz und Kaufmann

Das Gespräch wird zum Diskurs, da Kaufmann und Lenz entgegengesetzte Positionen einnehmen und

Der Diskurs

unterschiedliche Thesen mit Beispielen und Argumenten durchzusetzen versuchen. Von den übrigen am Tisch versammelten Personen und von der Mahlzeit selbst erfährt der Leser nichts. Die übergreifenden Themenfragen des Tischgesprächs lauten: Was ist und was will Kunst? Was kann und soll der Künstler?

Kaufmann tritt für eine idealistische Position ein und bemüht sich, diese Konzeption zu rechtferti-

Die idealistische Position

gen. Unter Idealismus versteht man – ganz allgemein – »das Streben nach Verwirklichung von Idealen, das Ausgerichtetsein an Idealen, Beherrschtsein von Idealen, auch die Neigung, die Wirklichkeit nicht zu betrachten, wie sie nach Meinung der Realisten ist, sondern wie sie sein sollte«[29]. »Idealistische Gestalten« (14), die Kaufmanns Vorstellungen entsprechen, sind etwa die antike Götterstatue des »Apoll von Belvedere« oder »eine Raffaelische Madonna« (15), von denen die Sixtinische Madonna die bekannteste sein dürfte.

»Die idealistische Periode«, der sich Kaufmann zuordnet, »fing damals an« (13), wird der Leser informiert. Damit

Bezug zu Goethes schriftstellerischer Laufbahn

wird auf eine Epocheneinteilung Bezug genommen, die einzelne Phasen im literarischen Schaffen Goethes zusammenzufassen und abzugrenzen sucht. Man unterteilte zur Zeit Büchners Goethes »gesammte schriftstellerische Laufbahn [...] in drei Perioden: die sentimentale Kraftperiode, die ideale und die elegante«[30]. Zur ersten, der »Kraftperiode«, die in späteren Literaturgeschichten »Sturm-und-Drang-Zeit« genannt wird, gehören unter anderem Goethes Drama *Götz von Berlichingen mit der eiser-*

nen Hand (1773) und der Briefroman *Die Leiden des jungen Werthers* (1774); zur idealischen zählt man die Dramen *Iphigenie auf Tauris* (1787) und *Torquato Tasso* (1790), zur eleganten die Romane *Die Wahlverwandtschaften* (1809) und *Wilhelm Meisters Wanderjahre* (1821).

Lenz stellt sich also einer Konzeption entgegen, die im fernen Weimar vertreten wird, deren Ausprägungen und Wirkungen nicht er, sondern nur der Autor Büchner rückblickend erfassen kann. In die Argumentation von Lenz fließen folglich Überlegungen des Literaten Büchner

Bezug zur Wirklichkeit als Kriterium

ein. Dieser lässt Lenz den von Kaufmann favorisierten Kunstwerken solche entgegensetzen, die seiner Kunstauffassung eher entsprechen: »Die holländischen Maler sind mir lieber, als die italienischen« (15). Sie sind der Wirklichkeit näher als Raffaels Madonnen. Lenz schätzt auch die »Bilder der altdeutschen Schule« (14), obwohl sie nur in Ansätzen das ausdrücken, was der unmittelbaren Wirklichkeit zu entnehmen wäre. Abwegig sei es, »die Wirklichkeit verklären« zu wollen; ungeheuer schwierig sei es, »die Wirklichkeit« zu »geben«, wie sie ist (13).

Lenz begründet seine Position mit der Aussage: »Der liebe Gott hat die Welt wohl gemacht wie sie sein soll« (13). Folglich wäre es frevelhaft, sie verklären zu wollen. Höchstes Ziel könnte sein, was nur einem Genie zu erreichen möglich sei, nämlich: »ihm ein wenig nachzuschaffen« (13). Mit dieser Konzeption, den Dichter als einen zweiten Schöpfer von Wirklichkeit anzusehen, wiederholt Lenz Ansprüche der Kraftperiode. Angemessenes Kriterium, Kunstwerke und Dichtungen zu beurteilen, ist danach nicht, ob sie

»Ich verlange in allem Leben«

»schön« oder »hässlich« sind, sondern ob sie »Leben« haben: »Ich verlange in allem Leben, Möglichkeit des Daseins, und dann ist's gut.« (13)

Er selbst habe im »*Hofmeister*« und in den »*Soldaten*« versucht, »der menschlichen Natur« nahe zu kommen (14). Damit spielt er auf seine zwischen 1772 und 1775 entstandenen Dramen an, deren vollständige Titel lauten *Der Hofmeister oder Vorteile der Privaterziehung* und *Die Soldaten*, die bei ihrem Erscheinen »durch schonungslose und drastische Zeichnung der Situationen«[31] auffielen. Die Hauptpersonen in diesen Stücken seien »die prosaischsten Menschen unter der Sonne«, erklärt Lenz, aber grade am »Leben der Geringsten« (14) lasse sich zeigen, was die menschliche Natur ausmache. Deshalb die Forderung: Man versuche, was er in seinen Dramen versucht habe, und »senke sich in das Leben der Geringsten und gebe es wieder, in den Zuckungen, den Andeutungen, dem ganzen feinen, kaum bemerkten Mienenspiel« (14). Dann, so darf man folgern, kann es gelingen, »Leben, Möglichkeit des Daseins« zu gestalten und »Gott […] ein wenig nachzuschaffen« (13).

Werke des Dichters Lenz

Hohe Anforderungen werden an den Künstler gestellt, der diesen Erwartungen entsprechen will, nämlich: »Man muss die Menschheit lieben, um in das eigentümliche Wesen jedes einzudringen, es darf einem keiner zu gering, keiner zu hässlich sein, erst dann kann man sie verstehen« (15). Diese Haltung ist eine erste Voraussetzung; eine zweite Voraussetzung bezieht sich auf die notwendigen Fähigkeiten: Um die Menschen zu verstehen, muss man »Aug und Ohren […] haben« (14).

Forderungen an den Dichter

Verstehen geht jedoch über den Vorgang des einfachen Hörens und Sehens hinaus. Gestik, Mimik und der Wortklang einzelner Sätze sind nur Zeichen für etwas, das unter der Oberfläche verborgen ist. Ziel muss sein, unter die Oberfläche, unter die Haut des Menschen zu blicken. Das ist grundsätzlich möglich, denn: »die Gefühlsader ist in fast allen Menschen gleich, nur ist die Hülle mehr oder weniger dicht, durch die sie brechen muss« (14).

Als Betrachter eines Bildes, als Zuschauer im Theater, als Leser eines Romans oder einer Novelle erwartet der argumentierende Lenz, »dass ich über seinem Gebild« – das heißt: des Malers, des Dichters, des Autors Werk – »fühle« (15).

Erwartungen der Rezipienten

Mit diesem Wort »fühlen« dürften die unterschiedlichsten Empfindungen gemeint sein, die von Mitfreude bis Mitleid, von Erhabenheit bis Trauer, von Verstehen bis Abscheu reichen. Voraussetzung dafür ist, dass der Künstler durch die Hülle des Menschen bis zur »Gefühlsader« (14) vorgestoßen, dass er »in das eigentümliche Wesen« (15) eingedrungen ist. Die gesamte Konzeption lässt sich letztlich in einem Satz zusammenfassen: »Der Dichter und Bildende ist mir der liebste, der mir die Natur am wirklichsten gibt, sodass ich über seinem Gebild fühle« (15). Damit ist erklärt, was Lenz als wahre Kunst ansieht, was er als Betrachter und Leser erwartet, welche Anforderungen er an den Künstler stellt und welchen Weg der einzuschlagen hat, der an das angestrebte Ziel gelangen will.

Das Konzept ist der idealistischen Position Kaufmanns direkt entgegengesetzt. Mit dieser Kunsttheorie wird dem so genannten »ästhetischen Idealismus« ein Konzept entgegengestellt, welches »man den ästhetischen

»Ästhetischer Realismus«

Realismus nennen kann«[32]. Eindeutiger Verfechter ist Georg Büchner, der Autor des *Lenz*. Den Leitlinien einer realistischen Literaturtheorie werden später unter anderen Theodor Fontane, Theodor Storm, Gottfried Keller und C. F. Meyer folgen. Noch konsequenter halten sich dann die Naturalisten, von denen nur Gerhart Hauptmann genannt sei, an das Programm wirklichkeitsgetreuer, streng objektivierender Darstellungsweise.

Unmittelbare Konsequenzen haben die kunsttheoretischen Erörterungen für den Erzähler der Lenz-Geschichte selbst. Vom Autor Georg Büchner oder von dem in den Text integrierten Erzähler wird erwartet, dass er »in das eigentümliche Wesen« (15) jenes »unglücklichen Poeten namens Lenz« einzudringen vermag, von dem Büchner im Brief an seine Eltern schrieb. Er müsste sich, wie sich Lenz als Autor in die Figuren seiner Dramen versetzte, nun in das Leben dieses Lenz versenken, es wiedergeben »in den Zuckungen, den Andeutungen, dem ganzen feinen, kaum bemerkten Mienenspiel« (14). Dann – so die Theorie – wird er auf die »Gefühlsader« (14) jenes Menschen treffen und ein solches Gebild schaffen können, das der Leser »fühle« (15).

Der Erzähler der Lenz-Geschichte

Oberlin, Lenz und die christliche Religion

Oberlin, Hausvater »in Waldbach im Pfarrhaus« (5) und fürsorglicher Seelsorger mehrerer Gemeinden im Steintal, lebt seinen pietistisch geprägten Glauben vorbildlich. Zwar lässt er sich gern einmal als Prediger durch Lenz vertreten; nichts deutet jedoch darauf hin, dass ihn die übernommenen Pflichten und Aufgaben erdrücken könnten. Er besucht die verschiedenen Gemeinden im Steintal:

Oberlin als Seelsorger und Wohltäter

»er wies zurecht, gab Rat, tröstete« (7). Über das seelsorgliche Engagement hinaus kümmert er sich um das »praktische Leben« (7). Die auf seine Veranlassung hin angelegten Wege und Kanäle dienen dem wirtschaftlichen Aufschwung. Eine gezielte Bewässerung des Bodens erhöht die Ertragslage der Felder, der Wegebau verbessert die Handelsmöglichkeiten. Dass Oberlin Erziehung und Bildung wichtig sind, ist aus der Tatsache abzuleiten, dass er »die Schule besucht« (7), um zu inspizieren, zu kontrollieren, zu fördern.

Oberlin lebt aus dem festen Glauben, dass »Jesus gestorben« (24) ist, um die Menschen zu erlösen und ihre »Sünden [zu] tilgen« (25). Davon möchte er auch Lenz überzeugen. Daneben sind ihm die Gebote wichtig. Er erinnert Lenz an das vierte der zehn Gebote: »Ehre Vater und Mutter« (24). In Lenz sieht er »eine Schickung Gottes, der den Unglücklichen ihm zugesandt hätte, er liebte ihn herzlich« (13). Oberlins Denken und Handeln besticht durch seine Hilfsbereitschaft, seine Nächstenliebe und Bescheidenheit, seine selbstverständliche Frömmigkeit, sein Grundvertrauen in den Schöpfer der Welt und in den Erlöser der Menschen. So ist er oberste Autorität bei den Leuten im Steintal und größte, vielleicht auch letzte Hoffnung für Lenz, der Oberlin bei dem ersten gemeinsamen Ausritt »oft in die Augen sehen« (7) musste, weil »in diesem ruhigen Auge, diesem ehrwürdigen ernsten Gesicht [...] die mächtige Ruhe« (7 f.) konzentriert schien, die er sucht.

> *Oberlin als Christ*

Lenz sucht »nach etwas, wie nach verlorenen Träumen« (3). Vor allem sucht er Ruhe. Waldbach – »alles ruhige, stille Gesichter« (5), und das Pfarrhaus mit Familie Oberlin scheinen beste Voraussetzungen zu bieten. Kaum

> *Lenz – der Ruhe Suchende*

angekommen, »wurde er ruhig […]; er war gleich zu Haus
[…]; es war ihm als träten alte Gestalten, vergessene Gesichter wieder aus dem Dunkeln, alte Lieder wallten auf,
er war weg, weit weg« (5 f.). Er hat gefunden – so scheint
es –, was er verloren hatte.

Er »las die Bibel, alte vergangne Hoffnungen gingen in
ihm auf« (8). »Jetzt erst«, so glaubt er, »ging ihm die
Heilige Schrift auf« (9). Da er annehmen darf, dies »Sein
in Gott« wiedergefunden zu haben, äußert er den Wunsch,
»wohl einmal predigen« (9) zu dürfen. Mit der Verkün-
digung des Gottesworts scheint er sich und der Gemeinde
zeigen zu wollen, dass »der Glaube, dieser ewige Himmel
im Leben« (9) sein und der Menschen Leben bestimmen
könne.

Er predigt überzeugt und überzeugend. Die Gläubigen
leiden mit ihm, er leidet mit den Gläubigen. Es befriedigt
ihn, wenn er einigen »gequälten Herzen Ruhe bringen«
kann; ihn selbst beschleicht »ein süßes Gefühl unendlichen
Wohls« (10). Später, zurückgezogen »auf sein einsames Zimmer« (11), gerät er in eine Art Ekstase.

*Lenz in religiöser
Ekstase*

Schmerz, Wollust und tiefes Mitleid über-
kommen ihn. Er steigert sich in den Wahn,
dass »göttliche, zuckende Lippen« sich über
ihn beugten und »sich an seine Lippen« saugen (11). Für einige Tage hält »ein unendliches Wonnegefühl« an; er ist be-
rauscht von dem Gedanken, »jedes Wesen in der Natur in
sich aufzunehmen« (12). Längst hat er sich über die einfachen, mit den Lehren der Theologie übereinstimmenden
Glaubensvorstellungen Oberlins erhoben, der das Gespräch abbricht, da es ihn »zu weit von seiner einfachen
Art« (12) abführt. Doch Lenz gibt sich nicht zufrieden,
liest in dem vielleicht schwierigsten Buch des Neuen Tes-

taments, der Geheimen Offenbarung des Johannes, der so genannten »Apokalypse« (13), in der Geheimnisse über das Ende der Zeiten und das Gericht Gottes offenbart werden. Zu dieser Zeit überfallen Lenz wieder »ängstliche Träume« (13).

Diese Angst steigert sich, als Oberlin mit Kaufmann in die Schweiz reist. Die Tatsache, dass er sich im Gebirge verirrt hat, und die Begegnung mit dem kranken Mädchen und dem als heilig angesehenen Wunderheiler, mögen Lenz weiter in die Krise gestürzt haben: »Er wühlte jetzt in sich. Er aß wenig; halbe Nächte im Gebet und fieberhaften Träumen« (20). Vergeblich sucht er Ablenkung; durchgehend leidet er an »seinen religiösen Quälereien« (22). In seiner Verzweiflung bittet er, »Gott möge ein Zeichen an ihm tun« (22).

> »religiöse Quälereien«

Er selbst stellt die Versuchsanordnung zusammen und fordert Gott heraus: Er erwartet das Zeichen an ihm, indem Gott »das Kind beleben möge« (23), von dessen Tod Lenz erfahren hat und zu dem er im Bußgewand gekommen ist. Mit den im Neuen Testament überlieferten Jesus-Worten »Stehe auf und wandle!« (23) nähert er sich dem Kind. Doch »die Leiche blieb kalt« (23). Damit ist der Versuch gescheitert. Gott hat den Erwartungen von Lenz nicht entsprochen: »Da stürzte er halb wahnsinnig nieder« (23).

> Herausforderung Gottes

Seine Niederlage deutet er als einen Sieg der Hölle. Da er, Lenz, nicht mehr der von Gott Begünstigte ist, wird er zum Widersacher Gottes. In der Art des aufbegehrenden Prometheus ballt er jetzt »eine ungeheure Faust in den Himmel« (23). Er möchte »die Welt mit den Zähnen zermalmen und sie dem Schöpfer ins Gesicht speien« (23). Er stellt sich Gott entgegen: »der Atheismus […] fasste ihn ganz ruhig und sicher und fest« (23).

»Atheismus ...
fasste ihn«

Lenz leugnet nicht die Existenz Gottes, sondern er fühlt sich im Stich gelassen; er hört nicht auf zu »beten« (28); doch ist er überzeugt, »er sei das ewig Verdammte« (30); er ist abgrundtief enttäuscht. Oberlin gegenüber sagt er: »Aber ich, wär ich allmächtig, sehen Sie, wenn ich so wäre, ich könnte das Leiden nicht ertragen, ich würde retten, retten, ich will ja nichts als Ruhe, Ruhe« (31). Doch diese Ruhe wird er nicht finden. Früh gesteht er ein: »mit mir ist's aus! Ich bin abgefallen, verdammt in Ewigkeit, ich bin der Ewige Jude« (24).

Lenz und »der Alp des Wahnsinns«

Der Wanderer, der Ende Januar das Steintal hoch durch das Gebirge geht, hat es schwer, mit den natürlichen Gegebenheiten und mit sich und seiner psychischen Disposition zurechtzukommen.

Lenz im Gebirge

Die Berggipfel sind von »Schnee« bedeckt; in den Tälern ist es »nasskalt«; am Himmel ziehen »graue Wolken«; aus den Seitentälern dampft »Nebel« (3). Wichtiger als das, was in der Natur gegeben ist, ist das, was dieser Lenz in seinem Innern spürt, wahrnimmt, begreift und was er nicht begreift.

»Er begriff nicht, dass er so viel Zeit brauchte, um einen Abhang hinunterzuklimmen« (3). Ihm ist »alles so klein, so nahe, so nass« (3). »Er meinte, er müsse alles mit ein paar Schritten ausmessen können« (3). Die Naturerscheinungen wie Sturm, Wolken, Wind und Son-

Die Wahrnehmungen des Wanderers

nenschein nimmt er nicht als äußere Gegebenheiten wahr, sondern als »Stimmen«, als »wilde wiehernde Rosse«, als »blitzendes Schwert«, als »Wiegenlied und Glockengeläute« (3 f.) – und dann »riss es ihm in der Brust« (4); »er meinte, er müsse den Sturm in sich ziehen, alles in sich fassen« (4). Innenwelt und Außenwelt gehen ineinander über. Er unterscheidet nicht zwischen dem, was ist, und dem, was ihm bewusst ist. Die menschlichen Begrenztheiten scheint er überwinden zu wollen: Ihm war manchmal »unangenehm, dass er nicht auf dem Kopf gehen konnte« (3). Dann – am Ende des Tages und der Wanderung – überfällt ihn »namenlose Angst in diesem Nichts« (5). Er fühlt sich verfolgt und herausgefordert; ihm ist, »als jage der Wahnsinn auf Rossen hinter ihm« (5).

Damit ist das Stichwort gefallen, mit dem das Leitthema des ganzen Textes in abstrakter Form bezeichnet ist. Wahnsinn ist laut Brockhaus der volkstümliche Sammelname für alle auffallenden seelischen Krankheiten. Dass es von allgemeinem Interesse sein könnte, den Lebensweg von Lenz »bis zu der Zeit da er sich in Wahnsinn verlor«[33], anschaulich zu machen, hatte schon Goethe in seiner Autobiographie geäußert. Georg Büchner verfügte über die notwendigen literarischen Erfahrungen und medizinischen Kenntnisse, um auf der Grundlage der zusammengetragenen Materialien realistisch darstellen zu können, was sich tatsächlich in Waldbach zwischen dem 20. Januar und dem 10. Februar 1778 ereignet hatte, dass nämlich Lenz in dieser Zeit nicht vom Wahnsinn geheilt, sondern zunehmend von diesem gepackt wurde. Die seiner Ansicht nach einzig hierfür angemessene Erzählweise hat er im Kunstgespräch zwischen Lenz und Kaufmann angekündigt: »Man versuche es einmal und senke sich in das

> »Wahnsinn«

Leben des Geringsten und gebe es wieder, in den Zuckungen, den Andeutungen« (14).

Lenz scheint gerettet zu sein, als er die »Lichter« von Waldbach und die Leute in den Häusern sieht: »alles ruhige, stille Gesichter, es war ihm als müsse das Licht von ihnen ausstrahlen« (5). Beruhigend wirkt die Atmosphäre des Pfarrhauses auf ihn: »das heimliche Zimmer«, »die stillen Gesichter«, »das helle Kindergesicht, auf dem alles Licht zu ruhen schien« (5). In dem Augenblick jedoch, in dem er das »Pfarrhaus mit seinen Lichtern und lieben Gesichtern« verlässt und das ihm zugewiesene Zimmer im Schulhaus bezieht, wird ihm »leer«, »das Licht war erloschen, die Finsternis verschlang alles« (6). In dieser Situation befällt ihn »eine unnennbare Angst« (6).

Auf der Suche nach Licht und Ruhe

Diese ungewöhnlichen Angstgefühle kennzeichnen »das Frühstadium einer melancholischen Erkrankung«[34]. Die »Angst in diesem Nichts«, die ihn im Gebirge ergriffen hatte, und das Bewusstsein der »Leere« (5) befallen ihn nach einer kurzen Phase der Beruhigung zum zweiten Mal, werden ihn »gegen Abend« des nächsten Tages wieder überfallen, nachdem der Ausritt mit Oberlin noch einmal »beruhigend auf ihn« (7) gewirkt hatte. Von jetzt an bleibt ihm »der Alp des Wahnsinns« (8) auf den Füßen.

Die Ängste

Lenz wehrt sich durchaus gegen die Anfälle. Er sucht Erleichterung durch Bewegung, folgt einem »Instinkt […] sich zu retten«, indem er sich Verletzungen zufügt, sich in den »Brunnstein« (6) stürzt. Tatsächlich kommt er durch diese schmerzvollen Operationen wieder zu »Bewusstsein« (6). Er rechtfertigt sein Verhalten vor den Leuten, ohne den wah-

Rettungsversuche

ren Grund zu nennen. Noch kann er seine Krankheit verbergen.

Neue Hoffnung auf Heilung kommt in ihm auf, als er
»die Bibel« (8) nimmt und glaubt, dass ihm
»jetzt […] die Heilige Schrift« (9) aufgehe. *Vorübergehende*
In der Tat werden seine Nächte »ruhig« *Hoffnungen*
(10) und der sonntägliche Gottesdienst
versetzt ihn in ein ekstatisches Hochgefühl. Er fühlt sich
eins mit Gott, mit der Natur, mit den vertrauten Personen
der Vergangenheit, glaubt, »eine unaussprechliche Harmonie« in der Natur zu bemerken und eine große »Ruhe
in sich« (12). Als er jedoch zusammen mit Oberlin die religiösen Spekulationen übertreibt, gerät er wieder »in
ängstliche Träume«, liest in der »Apokalypse« und hat
den Bogen überspannt (13). Mit einer Katastrophe endet
die Ereigniskette, in der Lenz während Oberlins Abwe-
senheit Gott anfleht, er »möge ein Zeichen an ihm tun«,
und selbst bestimmt, dieses Zeichen solle darin bestehen,
dass er das verstorbene Kind von den Toten erwecke. Als
dieses Begehren unerfüllt bleibt, »stürzte er halb wahnsinnig« (23) nieder. Da »war ihm alles leer und hohl« (23).
In der Überzeugung, »die Sünde in den Heiligen Geist«
begangen zu haben, sich also wissentlich gegen Gott auf-
gelehnt zu haben, »steigerte sich seine Angst« (24).

Aus diesem Angst-Zustand wird er sich nicht mehr befreien können; denn jetzt ist er überzeugt,
unrettbar schuldig zu sein. In »heftige Un- *Schuldgefühle*
ruhe« gerät er, wenn er an das Gebot »Ehre
Vater und Mutter« (24) erinnert wird. Er fühlt sich zu-
sätzlich schuldig, »Friederike« (25), den »Engel«, den er
liebte und von dem er glaubte, geliebt zu werden, »aufge-
opfert« (24), d. h. verlassen zu haben; nimmt an, dass seine

»gute Mutter« (25) tot sei; hält sich schließlich für den »Mörder« (25 und 28) an beiden Personen und kann Oberlins Worten, »dafür sei Jesus gestorben [...] und er würde teilhaben an seiner Gnade« (24), keinen Glauben schenken.

Lenz ist in eine Krankheitsphase geraten, in der Melancholiker an heftigen Angstzuständen leiden, »die sie im Endzustand der Krankheit jedoch auf moralische und religiöse Verfehlungen zurückführen«[35]. Auch Lenz schiebt die Ursache seiner Angst auf Sünden, die er nie begangen hat.

Endzustand der Krankheit

Alle Versuche, aus diesem Zustand dadurch herauszukommen, dass er sich mit »Gerten« kasteien lassen möchte und dass er sich wieder in den »Brunnentrog« stürzt (25), sind wirkungs- und erfolglos: »Sein Zustand war indessen immer trostloser geworden, alles was er an Ruhe aus der Nähe Oberlins und aus der Stille des Tals geschöpft hatte, war weg; die Welt, die er hatte nutzen wollen, hatte einen ungeheuren Riss, er hatte keinen Hass, keine Liebe, keine Hoffnung, eine schreckliche Leere und doch eine folternde Unruhe, sie auszufüllen. Er hatte n i c h t s« (29). Anfälle, die er anfangs nur in der Nacht erlitten hatte, befallen ihn nun auch am Tag: »[...] der Wahnsinn packte ihn« (30); »Es war ihm dann, als existiere er allein, als bestünde die Welt nur in seiner Einbildung, als sei nichts als er, er sei das ewig Verdammte, der Satan« (30).

In dieser ausweglosen Situation unternimmt er mehrere Selbsttötungsversuche, die »nicht ganz Ernst« sind, sondern Versuche, »sich zu sich selbst zu bringen« (31), und Fortsetzungen der verschiedenen Arten, sich Schmerz zuzufügen. Am Ende gibt er auf. Als man ihn in Waldbach

Die Selbsttötungsversuche

abholt, ist »ihm einerlei, wohin man ihn führte«; »es war
[…] eine entsetzliche Leere in ihm« (33); »sein Dasein war
ihm eine notwendige Last« (33).

Für die restliche Zeit des Lebens – es handelt sich immer-
hin um vierzehn Jahre – steht der Satz: »So
lebte er hin« (33). Das »so« steht für Krankheit, Armut, Abhängigkeit, Unstetigkeit; das

> »So lebte er hin«

»hin« mag bedeuten, dass Lenz noch eine Zeitspanne vor
sich hat, aber keine erfüllte Zeit; was hier »leben« genannt
wird, wäre mit »existieren« genauer bezeichnet.

7. Autor und Zeit

Am 17. Oktober 1813 wurde in dem kleinen hessischen Dorf Goddelau laut Geburts- und Taufprotokoll »dem Herrn Ernst Karl Büchner, Doctor und Amtschirurgus dahier [...] und seiner Ehefrau Louise Caroline geb. Reuß das erste Kind, der erste Sohn geboren und am 28. Oktober getauft, wobei er den Namen Karl Georg erhielt«[36]. Der Vater hatte wie der hessische Großherzog Ludwig mit Napoleon sympathisiert, war als hessischer Landesbeamter seinem Landesherrn aber treu ergeben, als dieser nach der Niederlage Napoleons seine Fürstenrolle im Deutschen Bund spielte und gemäß den Richtlinien der Metternich-Politik in seinem Land für die Wiederherstellung der alten Verhältnisse, also für Restauration und Reaktion sorgte. Die Mutter hatte in ihrer Familie eher die Schattenseiten Napoleonischer Herrschaft kennen gelernt und infolgedessen viel für die Freiheitsgedanken Schillers und der jugendlichen Patrioten übrig.

Elternhaus und politische Verhältnisse

Ernst Büchner war schon in der dritten Generation Arzt. Ärzte waren auch seine Brüder Wilhelm und Johann. Die Linie wurde fortgesetzt durch seine Söhne Wilhelm Büchner (1817–92), den Pharmazeuten, Ludwig Büchner (1824–99), der durch sein Buch *Kraft und Stoff* Berühmtheit erlangte, und eben durch Georg Büchner, der im Herbst 1831 das Studium der Medizin in Straßburg aufnahm.

Der Arzt-Beruf

Die Familie Büchner war 1816 in die Residenzstadt Darmstadt übergesiedelt, wo Vater Büchner zunächst als Bezirksarzt, später als Obermedizinalrat wirkte. Georg Büchner erhielt seinen Elementarunterricht zunächst zu Hause von seiner Mutter, kam als Neunjähriger in eine private Vorschule und wechselte 1825 auf das großherzogliche Ludwig-Georg-Gymnasium in Darmstadt. Zwei Schulreden des Gymnasiasten sind überliefert, in denen er die Handlungsweisen römischer Republikaner darlegt und rechtfertigt. Fraglich ist, ob man in diesen Abhandlungen mehr als eine rhetorische Übung sehen soll.

Schulzeit

Am 9. November 1831 trägt sich Büchner ins Register der Straßburger Universität ein. In Straßburg leben Verwandte der Mutter, die bei der Wohnungssuche behilflich sind. Straßburg ist für Studenten aus Hessen zwar eine auswärtige, aber doch nahe gelegene Universität. Nicht nur die Grenzlage zwischen Deutschland und Frankreich reizt, sondern auch die Stadt selbst mit ihrem Münster und der Umgebung des Elsass.

Studium

Von 1831 bis 1833 ist Georg Büchner Student in Straßburg. In dieser Zeit erlebt er hautnah, wie sich Bewegungen gegen die Restaurationspolitik unter Metternich formieren. In Straßburg werden Vertreter des unterdrückten Polen feierlich begrüßt; auf der Feste Hambach, etwa 100 Kilometer von Straßburg entfernt, versammeln sich im Mai 1832 liberal gesinnte Studenten zum »Hambacher Fest«. Von Straßburg aus schreibt Büchner an seine Eltern: »Meine Meinung ist die: Wenn in unserer Zeit etwas helfen soll, so ist es Gewalt.«[37] Er stellt sich damit auf die Seite der revoltierenden Studenten und derer, die in Folge der Hambacher Versammlung am 2. April 1833 in Frankfurt einen – dilettantisch vorbereiteten und deshalb gescheiterten – Putschversuch unternehmen.

Restauration und revolutionäre Bewegungen

Ehe Büchner im Sommer 1833 Straßburg verlässt, um, wie es von Landeskindern erwartet wird, an der Landesuniversität Gießen sein Examen abzulegen und sich auf die ärztliche Praxis vorzubereiten, verlobt er sich heimlich mit Minna (Wilhelmine) Jaeglé, Tochter des Pfarrers Johann Jakob Jaeglé, in dessen Haus er während seiner Studienzeit gewohnt hatte.

Zu Ostern 1834 stellt er sich dem Vater seiner Braut als Bräutigam vor; im Herbst 1834, an Georgs 21. Geburtstag, kommt Wilhelmine Jaeglé zu einem Besuch seiner Eltern nach Darmstadt, um im kleinen Kreis die Verlobung zu feiern. Zu dieser Zeit weiß Büchner bereits, dass er von der Polizei beobachtet wird.

Verlobung

In Gießen erfährt er einerseits die staatlich verfügten Einschränkungen der Rede- und Pressefreiheit, die Not und Armut der unteren Schichten und andererseits das Aufbegehren von Intellektuellen und studentischen Burschenschaften. Er findet Kontakt zu revolutionären Kreisen, vor allem zu Friedrich Ludwig Weidig, einem Schulmann, mit dem er das hoch brisante Flugblatt *Der hessische Landbote* entwirft, und gründet sowohl in Gießen als auch in Darmstadt Verschwörergruppen. Mit der Auslieferung des Flugblatts machen sich die Verfasser des Hochverrats schuldig. Ihr Unternehmen fliegt auf. Auch Büchner wird denunziert, doch kann man ihm keine Mittäterschaft nachweisen. Ende 1834 verlässt Büchner Gießen, verbringt auf Veranlassung des Vaters auch den Winter im Elternhaus und schreibt in dieser Zeit das Drama *Dantons Tod* – Ergebnis seiner Studien und Überlegungen zur Französischen Revolution.

Büchner in Gießen

Georg Büchner
Zeichnung von Alexis Muston, 1835. akg-images

Hatte die Familie Büchner gehofft, dass die Gießener Unternehmungen ihres Sohnes Georg nicht weiter verfolgt würden, so hatte sie sich getäuscht. Im Januar 1835 erhält Georg eine Vorladung vor das Kriminalgericht in Offenbach. Als sich Büchner weiterhin von der Polizei beobachtet weiß, entschließt er sich zur Flucht, an der er nicht gehindert wird. Am 9. März 1835 erreicht er Straßburg. Seinen Eltern schreibt er: »Der beständigen geheimen Angst vor Verhaftung und sonstigen Verfolgungen, die mich in Darmstadt beständig peinigte, enthoben zu sein, ist eine große Wohltat. [...] Ich werde das Studium der medizinisch-philosophischen Wissenschaften mit der größten Anstrengung betreiben, und auf *dem* Felde ist noch Raum genug, um etwas Tüchtiges zu leisten.«[38]

Die Flucht

Er bearbeitet ein Thema der vergleichenden Anatomie und untersucht in mühseliger Präparierarbeit das Nervensystem von Fischen. Die Ergebnisse trägt er zunächst der »Gesellschaft des Straßburger Naturhistorischen Museums« vor, reicht die Arbeit unter dem Titel *Über die Schädelnerven der Barben* an der eben gegründeten Universität Zürich ein, wird ohne weitere mündliche Prüfung promoviert und hat beste Aussichten, als Privatdozent in Zürich eine wissenschaftliche Laufbahn zu beginnen.

Wissenschaftliche Forschungen

Als Büchner, der seit dem 13. Juni 1835 von Hessen aus steckbrieflich verfolgt wird, 1836 auf der Grundlage eines tadellosen Führungszeugnisses aus Straßburg und auf Vermittlung des Züricher Bürgermeisters Hess die Aufenthaltserlaubnis für Zürich erhält, scheint eine glücklichere Epoche zu beginnen. Doch wenige Wochen später wird er

Der plötzliche Tod in Zürich

von einer tödlichen Krankheit gepackt, stirbt – dreiund-
zwanzigjährig – am 19. Februar und wird am 21. Februar
1837 auf dem Züricher Friedhof »Krautgarten« beerdigt.

Niemand hätte voraussehen können, dass der von der
Landespolizei Verfolgte, früh Verstorbene, dessen Dramen
zu seinen Lebzeiten nicht aufgeführt und dessen wichtigster
Prosatext Fragment geblieben ist, zu einer Symbolfigur der
deutschen Literatur erklärt werden würde, nach der inzwischen der renommierteste deutsche Literaturpreis benannt
wird.

Werke

Der Hessische Landbote.
Sozialrevolutionäre Flugschrift von Georg Büchner und
Friedrich Ludwig Weidig, anonym und mit der fingierten
Ortsangabe »Darmstadt« in Offenbach »im Juli 1834« acht-
seitig in 1000 Exemplaren gedruckt und geheim verbreitet.

Dantons Tod. Ein Drama in vier Akten.
Auf der Grundlage sorgfältiger Quellenstudien während
der Studienzeit in Gießen 1834 begonnen, 1835 als Druck
erschienen, 1902 in Berlin uraufgeführt.

»B.'s Danton glaubt nicht mehr an die Revolution, in seinen Augen kann sie die materielle und ethische Frage nicht
lösen, denn alles Handeln überhaupt ist sinnlos, die Menschen sind ›Puppen, von unbekannten Gewalten am Draht
gezogen‹. Danton sieht seine Bemühungen, dem Blutvergie-
ßen ein Ende zu machen, mißdeutet und verdächtigt. Passiv
und pessimistisch sieht er sein Ende kommen, das er gelas-

sen, ja zynisch erträgt. Danton, das Genie, erscheint als Verschwendung der Natur an die Roheit, Mittelmäßigkeit und Beschränktheit seiner Umwelt«.[39]

Lenz. Erzählung. Fragment.

Begonnen 1835. Als Fragment im Nachlass aufgefunden, mit einem Vor- und Nachwort von Karl Gutzkow 1839 veröffentlicht.

Leonce und Lena. Lustspiel in drei Akten. Prosa.

Als Beitrag für eine 1836 angezeigte Preisaufgabe der Cotta'schen Buchhandlung entstanden, wegen Terminüberschreitung ungelesen zurückgeschickt. Im Nachlass aufgefunden, von Karl Gutzkow 1838 in der Zeitschrift *Telegraph für Deutschland* gedruckt, Uraufführung in München am 31. 5. 1895.

»Der Handlungsgang des Stückes parodiert das gängige Schema der Komödie. Leonce, Prinz des Reiches ›Popo‹, und Lena, Prinzessin des Reiches ›Pipi‹, sind einander verlobt, ohne sich zu kennen. Unabhängig voneinander beschließen sie, vor der Hochzeit zu fliehen. Im zweiten Akt treffen und verlieben sie sich, im dritten Akt lassen sie sich Am Hofe Popo verheiraten, um sich erst danach als Prinz und Prinzessin zu erkennen«.[40]

Woyzeck. Trauerspiel. Fragment.

Die wahrscheinlich im Herbst 1836 entstandenen Szenenfolgen wurden in handschriftlicher Fassung in Büchners Nachlass gefunden, dann 1878 veröffentlicht und am 8. 11. 1913 in München uraufgeführt.

Den Stoff fand Büchner in gerichtsmedizinischen Gutachten zum Leipziger Mordfall Woyzeck. Aus Eifersucht tötete Woyzeck die Baderswitwe Woost und wurde später öffentlich hingerichtet. Zur Tatzeit war der ehemalige Perückenmacher, Diener und Soldat Gelegenheitsarbeiter und völlig mittellos.

Büchner verlegt die Handlung nach Hessen und lasst die Personen eine mundartlich gefärbte Sprache reden. Für die Folge der überlieferten Szenen sind unterschiedliche Verknüpfungsmöglichkeiten vorgeschlagen worden. Deutlich erkennbar ist der Prozess der Selbstentfremdung und des Wirklichkeitsverlustes des geschundenen Menschen Woyzeck, der zum Mörder seiner ihm untreu gewordenen Geliebten Marie wird.

8. Rezeption

Im Januar 1839 erschien in acht Folgen der Zeitschrift *Telegraph für Deutschland* das von Büchner hinterlassene Fragment unter dem Titel *Lenz. Eine Reliquie von Georg Büchner.*[41] Für die Herausgabe hatte Karl Gutzkow, einer der als »Jungdeutsche« verfolgten Schriftsteller, gesorgt. Ein Nachdruck dieser Ausgabe – jetzt als zusammenhängender Text – erschien 1842 im dritten Band der *Vermischten Schriften* von Karl Gutzkow in der Abteilung »Mosaik. Novellen und Skizzen von Karl Gutzkow«. Großes Aufsehen haben diese Publikationen, die das Büchner'sche Manuskript am genauesten wiedergeben, nicht erregt.

Die ersten Veröffentlichungen

Ludwig Büchner, der jüngere Bruder Georgs, besorgte 1850 in Frankfurt am Main eine Edition der *Nachgelassenen Schriften* Büchners, gab dem Prosastück den Titel *Lenz. Ein Novellenfragment*, griff an mehreren Stellen in den Text ein, um ihn lesbarer zu machen, und entfernte sich dabei vom Original. Die Ausgabe wird heute als verschlimmbessert zurückgewiesen.

Es ist nicht verwunderlich, dass Büchners Fragment nicht die Gunst eines Publikums gewann, das die Literatur der Biedermeier-Autoren oder des so genannten poetischen Realismus bevorzugte. Ein Autor, dem als einziges Kriterium gilt, dass ein Kunstwerk »Leben habe«, nicht aber, »ob es schön, ob es hässlich ist« (13), und der überdies nicht ein abgeschlossenes, durchgefeiltes und glattes Werk, sondern ein Fragment hinterlassen hat, kam da schlecht an.

Wenig Resonanz

Erst am Ende des 19. Jahrhunderts, als die Hinwendung

zur Wirklichkeit radikaler wurde und als Dichter nicht in
der Glätte ihrer Verse, sondern in der Wirkung ihres Notschreis das Kriterium wah-
rer Dichtung sahen, wurde das Werk Büchners in seiner Bedeutung erkannt und in
seiner Größe gewürdigt. Wie Lenz und
sein Autor Büchner in dem »Idealismus«,
den Kaufmann und der idealische Goethe vertreten, »die
schmählichste Verachtung der menschlichen Natur« (14)
sehen, so verlangten die Vertreter eines radikalen Naturalismus die »Einbeziehung des nach alten Maßstäben Un-
schönen und Unsittlichen« in die Dichtung, was zur Folge hatte, dass »Kranke, Geistesgestörte, Alkoholiker [...]
beliebte Handlungsträger«[42] in literarischen Texten wurden. Ein Paradigmawechsel hatte stattgefunden.

Die Entdeckung Büchners am Ende des 19. Jahrhunderts

Arnold Zweig zitiert in einem Essay aus dem Jahr 1921
den Satz aus dem *Lenz* »nur war es ihm manchmal unangenehm, daß er nicht auf dem Kopf gehen konnte« und
behauptete: »Mit diesem Satz beginnt die moderne europäische Prosa; kein Franzos und kein Russe legt moderner
einen seelischen Sachverhalt offen hin.«[43] Mit diesem Urteil
beginnt die Reihe der enthusiastischen Lobreden, von denen
einige Proben in der Erstinformation dieses Lektüreschlüs-
sels gegeben wurden.

Der Konzeption, sich »in das Leben der Geringsten« hin-
einzuversetzen, die »Hülle« zu durchbre-
chen, um an die »Gefühlsader« der Menschen heranzukommen (14), fühlen sich in
der Folge nicht nur Autoren verpflichtet,
die unter dem Etikett »Naturalismus« zusammengefasst
werden und von denen beispielhaft Gerhart Hauptmann
und seine Novelle *Bahnwärter Thiel* genannt seien.

Lenz und der Naturalismus

Nicht nur Büchners Text, sondern auch die Person des »unglücklichen Lenz« weckte neues Interesse. Zumindest die im *Lenz*-Fragment genannten Dramen wurden – zum Teil in Bearbeitungen – auf die Bühne gebracht und ins Repertoire der Spielpläne aufgenommen. Doch auch losgelöst von seinem Werk regte dieser Jakob Michael Reinhold Lenz die Literaten an. Es reizte offensichtlich, die bei Büchner nur angedeuteten Konflikte des Dichters mit seinem Vater und seinem ›Konkurrenten‹ Goethe aufzuarbeiten. Als Beispiele solcher Ausweitungen seien genannt:

Das Interesse an Lenz

Gert Hofmann: Die Rückkehr des verlorenen J. M. R. Lenz nach Riga. München/Wien 1981. (Auch als: Reclams UB. 9726.)

Sigrid Damm: Vögel, die verkünden Land. Das Leben des Jakob Michael Reinhold Lenz. Frankfurt a. M. 1992. (Insel-Taschenbuch. 1399.)

Auf der Grundlage von Büchners *Lenz* und unter Verwendung von dramatischen Elementen aus Büchners Stücken *Dantons Tod* und *Woyzeck* verfasste Heinz Joachim Klein das Theaterstück *Ein Mann namens Lenz. Nach der Erzählung von Georg Büchner*, uraufgeführt 1984. Im gleichen Jahr wurde die Dramatisierung von Jürg Amman *Büchners Lenz* in Darmstadt vorgestellt. Bereits 1979 war die Kammeroper *Jakob Lenz* von Wolfgang Rihm in Hamburg aufgeführt worden.

Weiterverarbeitung des Lenz-Fragments

Die jährliche Vergabe des Büchner-Preises bietet den Preisträgern und den Preisvergebern Gelegenheit, an den Autor Büchner und sein Werk zu erinnern. Dabei ist es guter

Der Büchner-Preis als Teil der Wirkungsgeschichte

Brauch Beziehungen zwischen dem Werk, der Lebenswelt und der Weltanschauung Büchners und dem Schaffen und den Schaffensbedingungen der Gegenwartsautor(innen) herzustellen. Zuletzt plädierte Brigitte Kronauer 2005 in ihrer Dankrede anlässlich der Verleihung des Büchner-Preises für die von Büchner vertretene Forderung an den Dichter, indem sie aus dem *Lenz* Fragment (15) zitierte: »Man muß die Menschheit lieben, um in das eigentümliche Wesen jedes einzudringen; es darf einem keiner zu gering, keiner zu häßlich sein, erst dann kann man sie verstehen.«[44]

9. Checkliste

1. **Orientieren Sie sich über einige Lebensdaten der Dichter Jakob Michael Reinhold Lenz und Georg Büchner**

   – Geburts- und Todestag von Lenz?
   – Geburts- und Todestag von Büchner?
   – Aufenthalt Lenzens bei Oberlin?

2. **Vergleichspunkte in den Biographien von Lenz und Büchner**

   – Berufliche Stellung der Eltern?
   – Studienfächer und Studienorte?
   – Die Bedeutung Straßburgs für die persönliche, berufliche und literarische Entwicklung der Autoren.

3. **Welche Textsortencharakterisierungen für das Prosa-Stück *Lenz* kennen Sie und welche würden Sie bevorzugen?**

   – Welche Unterarten der Epik kommen in Frage?
   – In welchen Kennzeichnungen wird der Überlieferungszustand berücksichtigt?
   – In welchen Charakterisierungen kommt die Wertschätzung zum Ausdruck?

4. **Stellen Sie in knapper Form dar, was in dem Text erzählt wird.**

   – Ort der Handlung?
   – Erzählte Zeit und Erzählzeit?
   – Handelnde Personen?
   – Nebenpersonen aus dem literarischen Umfeld.
   – Wichtige Ereignisse der Handlungsfolge.

5. In welcher Beziehung stehen Lenz und Oberlin zueinander?

– Welche Rolle spielt Oberlin
  · im Pfarrhaus,
  · in der ihm anvertrauten Gemeinde,
  · Lenz gegenüber?
– Welche Beziehungen unterhält Oberlin über seine engste Umgebung hinaus?
– In welcher sozialen, beruflichen und psychischen Situation ist Lenz, als er in Waldbach eintrifft?
– Inwieweit stimmen die Welt- und Lebensanschauungen von Lenz und Oberlin überein, inwieweit unterscheiden sie sich?
– Was verursacht Bruch und Trennung?

6. Welche Bedeutung hat das Kunstgespräch zwischen Lenz und Kaufmann?

– Charakterisieren Sie die Positionen der Kontrahenten.
– Erläutern Sie die Positionen anhand der von ihnen vorgebrachten Beispiele.
– Welcher der hier vertretenen Positionen folgt der Erzähler des *Lenz*?
– Nennen Sie Autoren, die im Laufe der Literaturgeschichte dem einen oder dem anderen Konzept zuzuordnen sind.

7. Lenz – Krise und aufbrechende Krankheit

– Wann bemerkt der Leser, dass Lenz in eine krisenhafte Situation geraten ist?
– Was erwartet Lenz von Oberlin?
– Inwieweit hilft die Religion Lenz, die Krise zu überwinden? Wodurch fällt Lenz von Gott ab?

– Welche Versuche unternimmt Lenz, um sich von den Angstgefühlen zu befreien?
– Was ist die Ursache dafür, dass Lenz annimmt, unrettbar verloren zu sein?

8. **Wodurch wird Büchners Interesse für den Lebenslauf des Dichters Lenz geweckt?**

– Was macht ihn kompetent, sich in das Leben von Lenz zu versenken?
– Welche persönlichen Erfahrungen helfen Büchner, Lenz zu verstehen?
– Inwieweit bilden medizinische Kenntnisse die Grundlage zu Lenzens Verständnis?
– Inwieweit kommt das Konzept des ästhetischen Realismus Büchners Absicht, über Lenz zu schreiben, entgegen?

9. **Die Bedeutung des Büchner-Preises für das literarische Leben in Deutschland**

– Wer vergibt den Preis an wen?
– Wann findet die feierliche Übergabe statt?
– Orientieren Sie sich über Büchner-Preisreden und prüfen Sie exemplarisch, wie sich einzelne Preisträger mit der Person und dem Werk Büchners auseinander setzen.

10. **Lesen Sie zur Ergänzung Büchners *Woyzeck* und decken Sie Gemeinsamkeiten und Unterschiede des Dramenfragments mit dem Novellenfragment *Lenz* auf.**

10. Lektüretipps/Filmempfehlungen

Textausgaben

Georg Büchner: Sämtliche Werke und Briefe. Historisch-kritische Ausgabe mit Kommentar. Hrsg. von Werner R. Lehmann. Hamburg: Wegner, 1967 ff.

– Lenz. Studienausgabe. [Im Anhang: J. Fr. Oberlins Bericht »Herr L…« und Auszüge aus Goethes *Dichtung und Wahrheit*]. Hrsg. von Hubert Gersch. Stuttgart: Reclam, 1984. (UB. 8210.)

– Sämtliche Werke und Schriften. Historisch-kritische Ausgabe mit Quellendokumentation und Kommentar (Marburger Ausgabe). Im Auftr. der Akademie der Wissenschaften und der Literatur, Mainz, hrsg. von Burghard Dedner und Thomas Michael Mayer. Bd. 5: Lenz. Hrsg. von Burghard Dedner und Hubert Gersch unter Mitarb. von Eva-Maria Vering und Werner Weiland. Darmstadt: Wissenschaftliche Buchgesellschaft, 2001.

– Lenz. Der Hessische Landbote. Nachw. von Martin Greiner. Stuttgart: Reclam, 2002 (UB. 7955.) – *Reformierte Rechtschreibung. Nach dieser Ausgabe wird zitiert.*

Sekundärliteratur

Biographien

Georg Büchner

Arnold, Hans Ludwig (Hrsg.): Georg Büchner I, II. München 1979.

Hasselbach, Karlheinz: Georg Büchner. Literaturwissen für Schüler: Stuttgart 1997. (Reclams UB. 15212.)

Hauschild, Jan-Christoph: Georg Büchner. Biographie. Stuttgart/Weimar 1993.

Johann, Ernst: Georg Büchner in Selbstzeugnissen und Bilddokumenten. Reinbek bei Hamburg 1958. (rowohlts monographien.)

Martens, Wolfgang (Hrsg.): Georg Büchner. Darmstadt 1965. (Wege der Forschung 53.)

Jakob Michael Reinhold Lenz

Damm, Sigrid: Vögel, die verkünden Land. Das Leben des Jakob Michael Reinhold Lenz. Frankfurt a. M. / Leipzig 1992. (insel taschenbuch. 1399.)

Hohoff, Curt: Jakob Michael Reinhold Lenz mit Selbstzeugnissen und Bilddokumenten. Reinbek bei Hamburg 1977. (rowohlts monographien.)

Luserke, Matthias (Hrsg.): Goethe und Lenz. Die Geschichte einer Entzweiung. Eine Dokumentation. Frankfurt a. M. / Leipzig 2001. (insel taschenbuch. 2750.)

Materialien und Interpretationen zu Büchners *Lenz*

Erb, Andreas: Georg Büchner: *Lenz*. Interpretation. München 1997. (Oldenbourg Interpretationen. 87.)

Raddatz, Fritz J.: Georg Büchner: *Lenz*. In: Zeit-Bibliothek der 100 Bücher. Frankfurt a. M. 1980. (suhrkamp taschenbuch. 645.)

Schaub, Gerhard: Erläuterungen und Dokumente. Georg Büchner: *Lenz*. Stuttgart 1987. (Reclams UB. 8180.)

Wiese, Benno von: Georg Büchner: *Lenz*. In: B. v. W.: Die deutsche Novelle von Goethe bis Kafka. Interpretationen II. Düsseldorf 1962.

Verfilmungen

Büchners *Lenz* wurde zweimal verfilmt: 1970 in der Bundesrepublik von George Moorse mit Michael König als Hauptdarsteller, 1981 in den USA von Alexandre Rockwell.

Oper

1979 Wolfgang Rihm: Kammeroper Nr. 2: Jakob Lenz (Libretto: Michael Fröhling).

Anmerkungen

1 *Harenbergs Lexikon der Weltliteratur. Autoren – Werke – Begriffe*, Bd. 1, Dortmund 1989, S. 1078.

2 Brief vom Oktober 1835, in: Georg Büchner, *Sämtliche Werke nebst Briefen und anderen Dokumenten*, Gütersloh 1963, S. 446.

3 Brief von Gutzkow vom 6. 2. 1836, in: Gerhard Schaub, *Erläuterungen und Dokumente, Georg Büchner, »Lenz«*, Stuttgart 1987, S. 72.

4 Schaub (Anm. 3), S. 82.

5 Ebenda, S. 509.

6 Ebenda, S. 518.

7 Elias Canetti, in: Schaub (Anm. 3), S. 89.

8 Hauschild (Anm. 5), S. 499.

9 Ebenda.

10 Der Text ist abgedruckt im Anhang der Reclam-Ausgabe: Georg Büchner, *Lenz. Studienausgabe*, hrsg. von Hubert Gersch, Stuttgart 1984 (Reclams UB. 8210).

11 Udo Müller, *Lektürehilfen, Georg Büchner, »Lenz«*, Stuttgart/München/Düsseldorf/Leipzig 1997, S. 48 ff.

12 Ebenda, S. 50.

13 Goethe in *Dichtung und Wahrheit*, in: Johann Wolfgang Goethe, Gedenkausgabe der Werke, Briefe und Gespräche, Bd. 10, Zürich 1948, S. 547.

14 Sigrid Damm, *Vögel, die verkünden Land. Das Leben des Jakob Michael Reinhold Lenz*, Frankfurt a. M. / Leipzig 1992, S. 101.

15 Büchner, *Sämtliche Werke* (Anm. 2), S. 446.

16 s. Anm. 10.

17 Georg Büchner, *Sämtliche Werke und Schriften. Historisch-kritische Ausgabe mit Quellendokumentation und Kommentar (Marburger Ausgabe)*, Bd. 5: »Lenz«, hrsg. von Burghard Dedner und Hubert Gersch, Darmstadt 2001, S. 130.

18 Ebenda, S. 141.

19 Ebenda, S. 142.

20 Ebenda, S. 143.

21 Ebenda, S. 168.

22 Michael Petschenig, *Der kleine Stowasser. Lateinisch-deutsches Schulwörterbuch*, Reichenberg 1945, S. 223.

23 Gerhard Kwiatkowski (Hrsg.), *Schüler-Duden: Die Literatur*, Mannheim/Wien/Zürich, S. 158.

24 Ebenda, S. 158.

25 Georg Büchner (Anm. 17), S. 169.

26 Ebenda.

27 Ebenda, S. 129.

28 Ebenda, S. 181.

29 Johannes Hoffmeister, *Wörterbuch der philosophischen Begriffe*, Hamburg 1955, S. 316.

30 Büchner (Anm. 18), S. 419.

31 Herbert A. und Elisabeth Frenzel, *Daten deutscher Dichtung*, Bd. 1: *Von den Anfängen bis zum Jungen Deutschland*, München 1962, S. 218.

32 Büchner (Anm. 17), S. 423.

33 Goethe, *Dichtung und Wahrheit*, in: Büchner, *Lenz* (Anm. 11), S. 55.

34 Büchner (Anm. 18), S. 135.

35 Ebenda, S. 133.

36 Ebenda, S. 10.

37 Ebenda, S. 46.

38 Ebenda, S. 143.

39 Frenzel (Anm. 312), S. 273.

40 *Hauptwerke der deutschen Literatur. Einzeldarstellungen und Interpretationen*, Bd. 2: *Vom Vormärz bis zur Gegenwartsliteratur*, München 1994, S. 19.

41 Büchner (Anm. 17), S. 176.

42 Frenzel (Anm. 31), S. 460.

43 Müller (Anm. 11), S. 56.

44 Brigitte Kronauer, *Jeder Mensch ist ein Unikat in Detail und Variation. Dankrede zur Verleihung des Büchner-Preises*, FAZ 7.11.2005.

Raum für Notizen